이신의 예술과 한국 信學

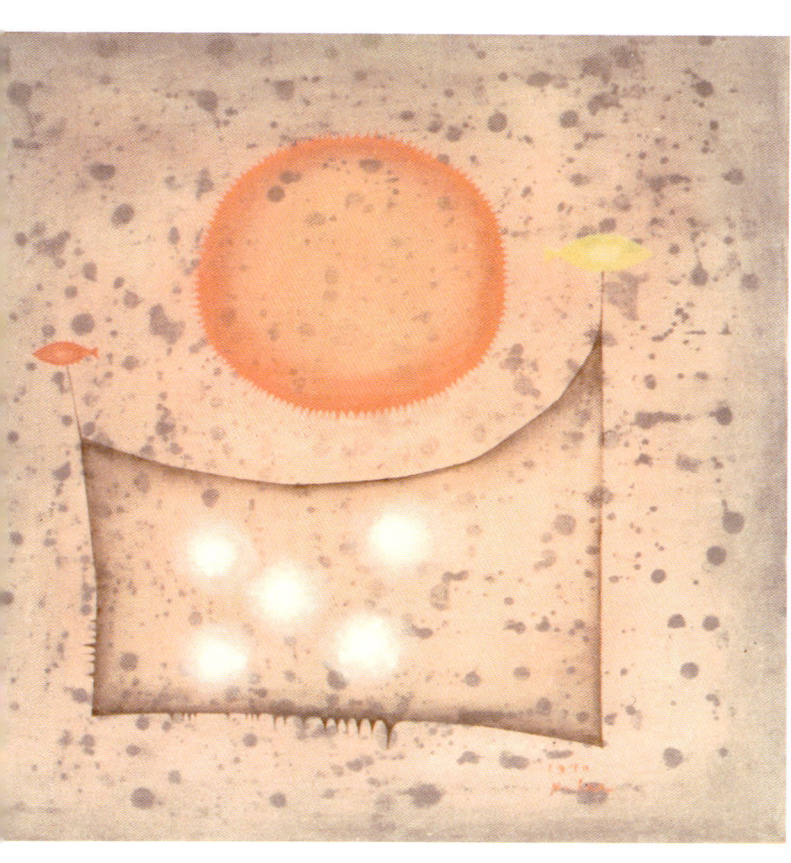

이은선 엮고 씀

이신의 예술과
한국 信學

우리 믿음의 새길을 찾아서

동연

책을 내며

우리 믿음의 새길을 찾아서

1

오늘 '현실'이 요동치고 있다. 한편에서는 어떻게든 지금 현실을 넘어서고자 여러 가지 현실적 방안을 통해서 그 부조리와 불의, 무미건조함과 상투성, 폭력성, 저열함 등을 넘어서고자 하고, 다른 한편에서는 그러나 너무도 이 현실의 두께와 질척함이 엄청나서 어떻게 해보지 못하고 거기에 휘감겨 허우적거리며 단지 순간순간의 냉소나 쾌락에 몸을 맡기며 살아간다. 하지만 또 다른 편에서는 이 현실이야말로 모든 다름이 찾고자 하는 '참 다름'이 현현하는 또는 쌓이는 장(場)과 사실성(物)이라는 것을 알며 이 장을 소중히 하면서도, 그러나 거기에 붙어있지 않는다.

이신의 현실과의 관계가 아마 이러한 세 번째 방식이지 않았을까 생각한다. 오늘 사람들은 요동치는 현실 앞에서, 그중 몇 가지 예만 들어도 예전에는 경험해 보지 못한 전혀 다른 현상들 앞에서, 즉 지구적 차원의 기후 위기와 생태 변란, 근대 국민 국가의 해체와 세계 외교 윤리의 실종, 전통 가족과 성별 의식에서의 대변혁 그리고 결코 나중 것이 아닌 AI 인공지능의 확산과 가상현실의 쓰나미 속에서 어떻게 이와 같은 현실에서 새로운 살길을 찾아갈 수 있을까 고심하며 힘든 발걸음을 떼고 있다.

이신(李信, 1927~1981)은 19세기 서구 제국주의의 대충돌인 제1차 세계대전이 끝난 후 유럽 「초현실주의(le Surréalism) 선언」(1924)이 발표된 1920년대, 아류 제국주의 국가 일본의 식민지 조선에서 태어났다. 그리고 8.15 광복과 6.25 한국전쟁을 겪었다. 이후 미국 문명과 기독교가 한국 사회를 온통 휩쓰는 시기에 미국 유학을 다녀와서 「한국 그리스도의 교회 선언」(1974) 등을 하면서 본인 삶뿐 아니라 조국과 문명을 억누르고 있는 겹겹의 삶의 고난적 현실을 돌파하고자 온 힘을 다했다. 그림을 그리고 시를 쓰는 예술가의 명면한 의식과 더불어 가난한 민중들과 함께하는 목회와 한국적 신학을 추구하는 기독교 신학자로서 그렇게 길지 않은 생을 살았다.

2

본 책은 이신 30주기가 되는 2011년경부터 시작하여 작년 2024년까지 이어진 여러 추모 행사와 책 출간을 계기로 쓰인 글들을 모은 것이다. 특히 2018년 1년 동안 나는 그림과 회화에 문외한이었음에도 그가 남긴 그림들을 중심으로 생애와 연결해서 나름의 신학적 해석을 붙이는 기회를 얻었고, 이번 작은 책자도 그때 쓴 글들이 중심이 되어서 이신의 예술과 신학(神學) 그리고 그 이후 전개된 나의 '신학'(信學) 이야기를 함께 드러내고자 한 것이다.

우리 가족은 1992년 10주기를 기해서 그의 대표적 유고를 묶어 『李信의 슈리얼리즘과 靈의 신학』(종로서적)을 펴냈었다. 그 이후 시간이 한참 흐르고 30주기가 되어서야 그가 남긴 시집 『돌의 소리』(동연)를 발간했고, 그즈음에서야 한국 신학계에 이신 신학에 관한 어떤 평가와 연구를 청할 수 있었다. 3부의 "한국의 문화신학자 이신(李信)을 말하다"가 그 첫 글이라고 할 수 있고, 나는 거기서 이신을 아주 간단히 '문화신학자'라는 말로 언술했었다. 지금 생각해도 참으로 미진한 언어라고 여겨진다. 그만큼 그의 신학과 예술, 삶은 녹록지 않았고, 매우 역동적이었으며, 그 시대 지구 동서의 어느 곳에서 시도되던 문명 전환적 돌파를 위한 추구보다도 가볍지 않은 근본적인 것이었기 때문이다. 그는 매우 선취적인 언어를 통해서 동서를 아우르고, 초월과 내재, 정치와 종교, 신학과 예술, 자아와 공동체, 한마디로 현실과 초현실을 연결하고 통섭하고 조화하면서 앞으로 나가는 길을 추구했다고 생각한다.

그러한 어렴풋한 생각들이 2017년 신학적, 예술적 동료들과 더불어 구성해 낸 『환상과 저항의 신학 — 이신(李信)의 슐리얼리즘 연구』(동연)에 모아졌고, 나는 거기서 "왜 오늘도 나는 이신(李信)에 대해서 계속 말하려고 하는가? — 이신의 믿음과 고독, 저항과 상상 그리로 오늘의 우리"라는 제목의 글을 냈다. 그리고 오늘 이 책을 묶어내는 나의 마음도 여전히 '나는 왜 오늘도 여전히 이신에 대해서 말하려고 하는가?'와 크게 다르지 않음을 본다.

거기서 나는 이신의 삶과 사유를 '고독', '저항', '상상'의 세 축으로 요약하면서 어떻게 그가 자신의 삶에서 마주했던 여러 중첩적인 문명사적, 한국사적, 존재론적, 신학적 난제들 앞에서 '신'(信)이라는 화두를 붙잡고, 그 구원적 치유적 의미와 전혀 새로운 함의를 신학적이고 예술적인 언어로 전복적으로 드러내고자 했는가를 살폈다. 그는 1980년 5.18 광주학살을 통해 등극한 전두환 정권이 시작되는 상황에서 세상을 떠났는데, 이전 미국 유학에서 돌아와 많은 소외와 어려움 속에서도 「한국 그리스도의 교회 선언」도 하며 힘을 다해 자신의 "슐리얼리즘의 신학"(Theology of Surrealism)을 펼쳐가고자 했었다. 하지만 그것이 더욱 정치한 언어로 구체화되기 전 급작스럽게 병을 얻어 세상을 떠나가는 상황을 맞이했다. 그래도 그는 '신'(信)이라는 언어를 제안했고 '화해'(恕)를 역설했다. 나는 그런 그의 삶과 신학적 목회적 활동과 사유를 그의 회화적, 시적 산물과 더불어서 동아시아의 오랜 언술인 '성'(誠), '성'(性), '성'(聖)의 세 언어와 연결하면서 총체적으로 살피고자 했다.

3

이후 그를 기리는 일과 연관된 연구와 출판의 일도 유사한 전개로 이어졌다. 2021년 40주기를 맞아서 우리는 처음으로 그의 유고 그림 전시회를 열었고, 더불어 그의 삶과 사유에 대한 두 번째의 연구집 『이신의 묵시의식과 토착화의 새 차원 ― 슐리얼리스트 믿음과 예술』(동연)을 다시 여러 신학적, 예술적 동료와 더불어 기획하여 출판하였다. 2020년 7월에 '한국信연구소'가 시작된 때라 연구소 엮음으로 나왔고, 거기서 나는 다시 이신의 사상을 "참된 인류세(Anthro-pocene) 시대를 위한 이신(李信)의 영(靈)의 신학 ― N. 베르댜예프와 한국 신학(信學)과 인학(仁學)과의 대화 속에서"라는 제목으로 살폈다. 왜 내가 오늘도 여전히 이신에 대해서 말하려고 하는가의 이유와 근거를 특히 '인류세'라는 현실 앞에서의 물음과 탐색으로 삼아 대표적으로 조선 유학의 퇴계 사상 등과 연결하여 밝히고자 한 것이다.

이번 책에 이 긴 글은 실리지 않았지만, 2023년 한국信연구소 송년 모임을 위해서 이 글을 좀 더 축약하고, 특히 그의 그림 〈자유로운 善〉과 퇴계 선생의 〈천명도(天命圖)〉를 견주면서 1960년대 미국의 한 신약학자이면서 그림 평론가의 말을 들어서 이신 회화 속에 표현된 동서 문명 통섭적이고 그것을 뛰어넘어 제3의 길을 제시하는 믿음 이해를 부각시키고자 했다. "한국 유학(儒學)과 신학(信學) 그리고 이신의 영(靈)의 신학(神學)"이 그것이다. 이 글의 제목에서도 드러나듯이, 이신의 사유가 오묘하게 멀리 조선 유학에까지 가닿을 수 있는 것으로 보여주고자 했고, 그러한 신유교 전통과 기독교의 대화에서 나온 '한국信學'의 관점에서 퇴계 유학을 하나의 '신학'(信學)으로 그리고 이신의 신학과 예술을 통해서 한국의 기독교 신학이 '神學'에서 '信學'으로 거듭나야 함을 말하고자 했다.

한편 옆지기 이정배 교수는 이 책에서 이신의 고유한 입장을 한국 기독교의 역사적 전개에서 '토착화'(토착화 신학)와 '기독교 사회주의'(민중신학)의 두 방향과는 다른 '그리스도 환원 운동'의 맥에서 살피면서, 이신의 슐리얼리즘 신학을 이들 세 방향과 전개를 창조적으로 통섭하는 한국 신학의 새로운 광맥으로 자리매김했다(이정배, "토착화, 기독교 사회주의, 그리스도 환원 운동, 이들 통섭의 토대로서 이신의 슐리얼리즘 신학 ─ 한국 신학 광맥 다시 캐기"). 이 새로운 시각에서 그는 이신이 일찍이 동학의 최제우를 유대 기독교 신구약 중간기의 묵시문학가와 견준 것에 주목하면서, 그러한 통찰의 이신 사유를 이후 자신 '개벽(開闢)신학'의 전개를 위한 한 전거로 삼는 것을 보여주었다.

4

이번 책 마지막 글은 작년에 한강이 노벨문학상을 받으면서 시상식에서 감동의 소감문을 발표한 것을 듣고서, 마침 12월 비슷한 시기에 있었던 한국信연구소 송년 모임과 또 네 권의 책 출간을 기념하는 자리에서 읽었던 글이다. 저자의 대표로 나는 그 준비를 위해서 한강의 소설 『흰』을 접하면서 많은 감동을 받았고, 그녀가 어린 시절에 겪은 자신 언니의 죽음과 관련해서 밝힌 이야기에 접목하면서 나의 언니 故 은혜(恩惠) 이야기와 아버지 이신을 말했다. 또 나의 책 『神學에서 信學으로 — 참 인류세를 위한 한국 信學』의 출간과 더불어 왜 내가 "한국 信學"을 역설하는지를 함축적인 말들로 건넸다.

    이후 이번 책을 엮고 서문을 준비하면서 다시 손에 잡은 앙드레 브르통의 『초현실주의 선언』(황현산 번역·주석·해설, 미메시스, 2012)에서 다음의 두 단락이 특히 마음에 와닿았다. 먼저 1930년 초현실주의 제2선언에 나오는 글로서, 1924년 제1선언 이후 함께했던 동료들의 세속주의적 변질과 동요를 보면서 브르통이 비판하길, "세상에서 자신들이 차지할 지위를 마냥 염려하는 사람들이 초현실주의의 경험에서 무엇을 기대할 수 있을 것인가?"(같은 책, 130)라고 한 것이다. 다음으로는 몇 년 전에 돌아가신 불문학자 故 황현산 선생이 브르통의 선언들을 번역하고 주석하고 해설하면서 발설한 말로서, 그에 따르면 "선언"들은 한마디로 독자들에게 "세계의 객관적 현실에 대한 소박하면서도 확고한 이 믿음을 버리라고 말하기 위해 쓰"인 것이다. 그 초현실주의가 변함없이 따르고자 하는 원칙은 "인간의 자유"인데, 그 자유를 위해서 초현실주의는 "언어의 작업"에 몰두하며 "존재의 총체성"을 문제 삼으면서, "시의 선동력과 언어의 잠재력에 판돈 전체를 걸었다"(같은 책, 48)라는 것이다.

5

    사실 내가 몇 년 전부터 "神學에서 信學으로"라는 모토를 가지고 '한국 信學'을 주장하면서, 동아시아의 오랜 언어 '신'(信)을 해자하며 '인간'(人)의 '언어'(言)에 집중하는 일(信)이라고 말하기 시작했을 때, 여기 구체적인 역사에서 나타났던 프랑스 초현실주의자들의 의도나 표현들에 대한 의식은 별로 없었다. 그러나 요사이 보니 많은 유사점이 보인다. 한국 信學도 현실 '너머'의 초현실 또는 현실 '내'의 초현실, 아니면 이 세상 너머의 '초월', 이 세상과는 '다른' 세상, 더 분명하게 서술해 보면 세계 너머의 '신'(神), 다시 유교 성리학적 언어로 말하면 '기'(氣) 너머의 '리'(理) 등을 또 다른 언어로 말하고자 한 것인지 모르겠다. 그런 현실과 이 세상과 물질과 육체를 넘어서는 다른 영역, 그 초월과 초현실이 바로 '인간 언어'(人+言, 信)에서 참으로 총체적이고 본질적이며, 보편적이고 기초적으로 나타난다는 사려에서, 한국 信學도 그 언어(言)에 집중하는 것을 말하는 것이다. 그래서 우리가 지금까지 상투적으로 언술해 왔던 '믿음'(信)이라는 것이 언어에 집중하는 일이고, 내 안에 초월이 있다는 것을 아는 의식이며, 그 언어로 '관계'를 시작할 수 있는 능력이라는 것을 드러내고자 한 것이다. 다시 말하면 나도 "언어의 잠재력에 판돈 전체를 걸"은 것인지 모르겠다.

    여러 예술적 표현 중에서 이신은 회화와 시에서 열매를 남겼다. 또한 그의 신학적 글쓰기가 점점 더 의식의 자동기술법과 연결되어 띄어쓰기 등이 사라지고 지극히 보편적인 일상의 언어, 어쩌면 그래서 너무 오래되어서 고답적이고 상투적으로 들릴지 모르는 기독교 신앙 언어를 다시 가져와서 자신의 "슐리아리즘의 신학"으로 표현했다. 그리고 그의 실제 일상에서도 망가지고 버려진 폐품들 속에서 다시 내재의 '초월' 또는 '초현실'을 보고서 그것을 고쳐내고 다듬어서 반짝반짝 빛나는 새로운 '물건'(物, 존재)으로 다시 창조하는 일을 그는 매우 즐겼고 좋아했다.

이와 같은 맥락에서 이신은 일찍이 오늘과 같이 한국에서 '동학'이나 최제우에 관한 관심이 거의 없을 때, 또는 더 전문적으로 신학 영역에 들어가서 신구약 중간기의 '묵시문학'에 대한 관심이 없을 때, 바로 조선 말기의 동학 운동과 최제우의 등장을 유대 묵시문학기와 유비될 수 있는 초월의 고유한 동시성 출현이라고 보았고, 그것이 하늘 영(靈)의 역동적 현시라고 보아 언술했다. 그의 슐리아리즘의 신학은 그래서 "영의 신학"이었고, 영의 "역동성"과 "동시성"을 내세우며 2천5백 년 전 또는 2천 년 전 등의 유대나 예수에서만의 영의 현시와 활동이 아니라 2백 년 전의 조선에서도, 그렇다면 오늘 여기 우리 모두의 삶에서도, 아니 모든 물(物) 안에서도 동시에 그 영이 역동한다는 것을 의식하고, 말하고, 사유하고, 상상할 수 있어야 함을 말하고자 한 것이라고 본다.

6

유사한 맥락에서 '한국 신학(信學)'도 거기서 오늘 현실을 전복시키고, 현실의 온갖 노예상을 끊어내고, 예전 서구에서 '초현실주의'라는 말을 처음 썼다는 시인 기욤 아폴리네르(Guillaume Apollinaire, 1880~1918)가 "인간은 발걸음을 모방하려 했을 때, 다리와는 닮지 않은 바퀴를 창안했다. 인간은 이렇게 자기도 모르는 사이에 초현실주의를 실천한 것이다"라고 한 말에서 분명히 드러나는 대로(같은 책, 12), 그렇게 오늘의 현실(발걸음)을 넘어서 모든 존재의 자유를 구가할 수 있도록 하는 해방적 새 현실, 초현실(바퀴)을 창조해 내는 가능성을 배울 수 있다고 본다. 이 모든 창조의 일이 '관계'를 통해 시작되고, 그래서 한국 信學은 그 관계를 보편적으로 처음 여는 일을 '인간 언어'(人+言)의 일이라고 보았고, 우리의 믿음, '신'(信)이란 바로 우리가 말과 사유(상상)를 통해서 관계를 만들어 내고 시작할 수 있는 능력이라고 본 것이다.

오늘 현실이 극도로 부패했고, 그 부패의 현실이란 그 안에서의 존재가 서로 참된 관계를 맺지 못하고 왜곡되고 폭력적이고 온통 자아 절대주의적 관계로 전락했고, 그래서 서로를 소외시키고 잘못된 관계조차 맺지 못하면서 홀로 떨어진 섬으로 뿌리뽑히고 외로워하며 사는 모습으로 묘사한다면, '믿음'(信)이란 바로 그 관계 맺는 일을 우리 사유와 상상, 친절하고 바르고 지혜로운 말과 용기로 새로 시작하자는 것이다. 거기서 출발점의 활성화 에너지가 우리 안에 놓여있다는 것이고, 더불어서 그 관계 맺는 일도 바로 우리 과거 사실성의 경험이 밑받침으로 큰 역할을 하는 것이므로, 선하고 좋은, 아름다운 사실성의 축적에 관심하면서 예전 우리가 이미 시간 속에 축적해 놓은 선한 사실성을 다시 기억하고 돌보고 중히 여기는 일도 그 믿음의 일에 포괄하는 것으로 본다.

"신뢰의 그루터기"를 말하고 "상상력의 부패"를 경고하면서 세상에서 자신이 차지할 자리에 대한 염려를 내려놓고 한 사람의 고유한 초현실주의자로서 살았던 이신은, 이처럼 인간의 조건을 왜곡되게 한계 짓고 인간의 삶을 여러 형태로 옥죄는 노예성을 뚫고 나가기를 원했다. 그가 살아생전 심혈을 기울여 옮긴 러시아 사상가 N. 베르댜예프(N. Berdyaev, 1874~1948)의 저서 『노예냐 자유냐』가 밝히는 바와 같이, 인간이 맞닥뜨리고 있는 수많은 노예성, 국가, 종교, 자본, 예술, 섹스, 자연, 혁명 등에 대한 노예성을 넘어서서 모두가 참 창조성의 인간으로 거듭나자고 촉구했다. 여기서 그는 마지막으로는 예술보다는 종교, 신앙과 신뢰에 판돈을 걸었다고 할 수 있겠는데, 그것은 그가 인간의 해방과 구원을 다시 초월과 초현실에 맡기는 한 겸허한 종교인의 모습이었던 것을 말하고, 예술의 탐미주의는 한 사람을 행위자로 만들기보다는 종종 방관자로 머물게 한다는 염려를 한 것이라고 할 수 있겠다.

그것은 오늘 가상 세계의 쓰나미 앞에서 이 사실의 세계, 여기 지금의 몸적 관계, 우리의 구체적인 체험과 고통과 노동, 악의 현실과 마주하는 일이 없이는 인간의 사유와 상상, 감정과 의지가 쉽게 부패한다는 것에 대한 경고라고 생각한다. 아무리 '이미지'와 '시뮬라르크'의 시대가 도래했다 하더라도, 그래서 한편에서는 그 이미지가 그대로 자유이고 실재라고 외치고 있다 하더라도, 그 이미지는 감동은 주지만 행위를 불러일으키는 힘은 미약하고, 선하고 아름다운 세상을 다시 창조하는 길잡이가 되기에는 부족하다는 진실일 것이다. 그래서 이신은 그의 '영의 신학'을 그렇게 강조했고, 그와 더불어 교회 공동체의 유지를 어떻게든 도모하고자 했다. 한국 信學도 다시 새로운 방식으로 어떻게든 현실과 초현실, 내재와 초월, 사실과 진실, 유(有)와 무(無), 리(理)와 기(氣) 등의 통섭과 묘합을 추구하는 길을 가고자 한다.

7

'믿음을 위한 페미니스트 동서 통합 학문'으로서의 한국 信學은 그동안 '만물의 또는 만물을 낳고 살리는 '천지생물지심'(天地生物之心/理)에 대해서 자주 말해 왔다. 또한 조선 신유학의 결정물인 '리자도설'(理自到說)

의 '리'(理)가 스스로 다가온다'를 깊은 감사로 받으면서 '각지불이'(各知不移)의 '인동설'(人動說)에 이르러서 다시 참된 언어를 얻은 것에 대해 깊은 안락과 감사를 표현해 왔다. 요사이 우리 문명 전환의 담론장에서 자주 등장하는 '아나키즘'이나 '변혁적 중도론' 또는 나에게 오늘 동학 개벽 사상의 두 방향적 전개로 보이는 '기학'(氣學)적 방향과 '천학'(天學)적 방향의 두 놀라운 행보를 주의 깊게 경청하면서도, 그러나 그와는 또 다른 길, 보다 여성주의적이고 더욱 통섭적인 길, 그 통섭과 통합의 몸적 실천을 날마다의 '일보'(日步)의 일로 표현하며 가고 싶다. 그리고 요사이 산문보다는 더욱 시적으로 연결해 보고 싶은 생각이 많이 든다.

그러면서 우리 인간 모두가 어떤 길을 가든지 바로 새로운 '초현실'을 상상한다면, 새로운 '혁명'을 기도한다면 맞닥뜨릴 수밖에 없는 딜레마, "승기를 잡는 순간 그들 자신이 내부적으로 분열"하는 딜레마와 한 조건적 존재(the human condition)라는 것을 깊이 숙고한다. 그래서 그 앞에서 부끄럽고 겸허하게 날마다 우리를 시험에 들지 않게 해주시기를 기도하고, 날마다 우리를 용서해 주실 것을 빌 수밖에 없다는 것을 안다. 정말 그렇다. 하지만 그 가운데서도 요사이 새롭게 이 '일보'(日步)라는 말이 참 좋고, 지금까지도 함께해 왔던, 아니 새롭게 연결되고 확장되는 우리 삶의 우정의 동반자들과 함께 다시 '일보학교'(日步學校)에 입학하고 싶은 마음이다.

8

이번 책 묶음도 그런 생각들이 씨앗이 되어서 나타난 것이라고 생각한다. 그 일을 위해서 다시 도서출판 '동연'의 친구들이 수고해주셨다. 올해 마무리하고자 하는 다른 저술과 더불어 준비 시간이 겹치면서 마냥 늦어지는 가운데서도 또 기다려주시고 다시 재촉해 주시면서 오늘에 왔다. 한결같으신 김영호 대표님, 부드러운 카리스마로 끌어주신 박현주 부장님, 그분들과 함께하는 여러 동연의 식구들께 감사한다. 이 글의 묶음을 또 옆에서 자꾸 재촉해 주고 '개벽(開闢)신학'의 고유한 이름을 통해서 함께 한국 信學의 지평을 넓혀가고자 하는 한 지붕 아래 45년 옆지기 이정배님, 이경 동생, 책을 함께 쓰며 생각과 마음과 시간을 나눈 귀한 동료들, 김성리, 박일준, 손원영, 신익상, 심은록, 이경, 정혁현, 김종길, 이명권, 이혁, 조재형, 최대광, 최자웅, 하태혁 선생님들께 심심한 감사를 드린다.

　오늘 오랜 고통과 단련 속에서 탄생한 이재명 정부가 있어서 참 좋다. 이런 모든 생각의 사실적 토대와 근거가 되어준 우리 역사의 어머니들, 할머니들, 이모와 고모들 그리고 지금 사랑하는 시대 현실의 몸적, 마음적 친구들, 이런 생각들을 들어주고, 관심 가져주고, 토론해준 한국信연구소, 참공부모임, 보인회 제자들과 여러 함께 하는 모임의 선생님들, 모두 모두 머리 숙여 감사드린다.

2025년 8월 28일

횡성 언덕에서
이은선 모심

책을 내며   5

1부   이신李信의 그림

- 고독한 유랑자
- 이것과 그것
- 자유로운 선善
- 새 그리스도로지
- 부활이 의미하는 것
- 주시는 자
- 영원을 향해서 열린 문
- 돌의 소리
- 불이 어디 있습니까
- 가난한 족속
- 계시 I

2부   이신李信의 삶과 사유

나는 왜 오늘도 여전히 이신(李信)에 대해서 말하려고 하는가?   67

    I. 이신을 기리는 일
    II. 이신의 '믿음'(信)에 대하여
    III. 믿음의 '고독'(性)에 대하여
    IV. 믿음의 '저항'(誠)에 대하여
    V. 믿음의 '상상'(聖)에 대하여
    VI. 믿음의 '지속'(成)에 대하여

한국의 문화신학자 이신(李信)을 말하다   129

『환상과 저항의 신학―李信의 슐리얼리즘 연구』
출판을 기념하며   141

3부   이신李信과 한국 信學

이신 서거 40주기
『李信의 묵시의식과 토착화의 새 차원』의 출간에 기하여   147

이신 서거 40주기 추모 예배 및 출판 기념   161

한국 유학과 信學 그리고 이신의 영의 신학   169

    Ⅰ. 지구 위기 시대에 우리 안에 '신뢰의 그루터기'를 세운다는 것
    Ⅱ. 한국 유학(儒學)과 신학(信學)
    Ⅲ. 퇴계 신학(信學)과 이신의 영(靈)의 신학(神學)
    Ⅳ. 한국 신학(信學)의 세 차원―'난간 없는 사유'에서 '사유하는 신앙'으로
    Ⅴ. 새 시대를 위한 새 '경'(經) 쓰기

믿음의 새길을 찾아서
―2024년 한국信연구소 출판기념회 및 李信상 시상식에 부쳐   201

1부

이신 李信 의
그림

고독한 유랑자

이신, 1975년 作

고독한 유랑자

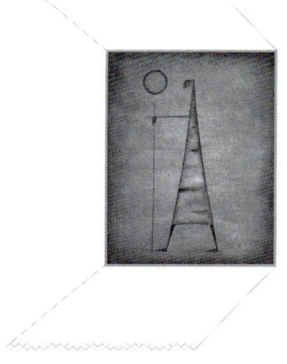

어떤 사람이 길을 간다.
그에게 가는 목적지도 없고
무엇 때문에 가고 있는지 자신도 느끼지 못한다.
그럼에도 불구하고
그는 꿋꿋이 앞으로 걸어간다.
그런데 그에게 한 가지 논리가 있다.
누구에게서 배운 것도 아니요
누구에게 설명할 수 있는 것도 아니다.
그렇다고 하늘에서 떨어진 것도 아니요
땅에서 솟은 것도 아니다.
그저 그의 가슴 그대로 있던 것이다.

이신 "영원(永遠)에 관한 논리" 중에서*

* 이신 지음 『李信 詩集 돌의 소리』, (평사리, 2025), 174-1.

故 이신 목사의 1975년 작품이다. 1971년 미국 밴더빌트 신학대학원에서 신학박사 학위를 받고 귀국한 후 명륜동 산동네에서 살며 목회하던 때였다. '한국 그리스도의 교회' 연합회 회장으로서 '한국 그리스도의 교회 선언'(1974)을 선포하며 한국인 나름의 경험과 신앙에 입각한 '한국적' 교회를 세우고자 힘썼다. '고독한 유랑자'가 지팡이를 들고 광야를 걷고 있다. 앞에 붉은 빛의 태양이 있지만, 그는 풀 한 포기 없는 광야를 외롭게 가고 있다. 당시 물감과 캔버스는커녕 가족과 살던 무허가 집마저 헐려 갈 데가 없는 상황이었던 화가는 과연 어떤 생각을 하며 이 그림을 그렸을까?

원래 바탕색은 전체적으로 어둡고, 여행자의 주변만 누런 빛으로 밝음을 주었다. 화가 이신은 돈 버는 일보다도, 그림 그리는 일보다도, 우리 삶에서 제일 소중한 일은 "신앙의 주체성"을 찾는 일이라고 보았다. 그래서 해방 후 감리교신학대학에서 신학을 공부한 이후 교파 분열을 넘어 본래의 '그리스도의 교회'를 찾기 위해 그리스도 교회 '환원운동'에 몸담았고, 더 나아가 '한국적' 그리스도 교회의 이상을 시도하면서 고독한 신앙인의 길을 걸어갔다.

알아주는 사람이 없어도, 함께 가는 동지들이 많지 않아도, 당장 실리를 언거나 화려해 보이지 않아도, 신앙의 주체성이야말로 인간 삶의 근본이라고 굳게 믿으면서 한국인들이 신앙에서 주체성을 찾기를 소망했다. 그의 그림 중 비교적 큰 편에 속하는 이 15호 유화는 모든 어려움에도 불구하고 자신 속에 이미 놓여 있는 영원(eternity)의 씨앗이 지시하는 대로 길을 가는 고독한 예언자의 모습을 담았다.

이것과 그것

이신, 1972년 作

이것과 그것

인간에게 있어서 치명적인 병은 마르크시스트들이 말하는 것처럼 부르주아들의 '착취'도 아니고, 자본주의자들이 생각하는 것처럼 '가난'도 아니며, 실존주의자들이 생각하는 것처럼 '절망'도 아니다. 인간에게 '죽음에 이르는 병'은 이매지네이션(imagination)의 부패다.

이신 "전위예술과 신학" 중에서

* 李信 지음, 『슐리얼리즘과 영靈의 신학』, 이은선·이경 엮음, (동연, 2011), 204.

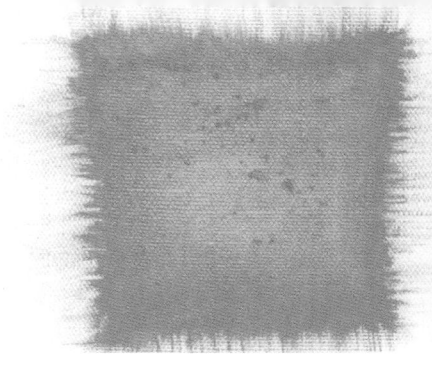

오늘 트랜스휴먼과 인공지능(AI)의 시대에 무엇이 인간을 여전히 인간이게 하고, 더 나아가 초인간이게 하는가? 인간 정신의 주체성, 특히 신앙의 주체성을 강조하며 그 핵심을 '상상력'으로 본 이신은 상상력이야말로 인간을 인간 되게 하는 '하나님의 모상'(imagodei)이라고 하였다. 인간은 상상력으로 하나님처럼 새로운 세계를 창조하고 온갖 좋은 것을 세상에 가져오지만, 반면 그렇게 상상력이 인간 정신의 핵이기에 이 "상상력의 부패"야말로 가장 가공할 일이라는 것이다. 오늘 우리 주변의 많은 악과 불행, 거짓, 폭력이 바로 이것과 깊이 연관되어 있지 않은가.

이 작품은 1972년의 유화 작품으로, 수묵화처럼 흰 바탕에 검은 물감으로 무엇인지 알 수 없는 다섯 개의 형체를 그렸다. 형체를 이루는 경계선들이 번져 퍼져 있는 모습이 "보아도 보지 못하며, 들어도 듣지 못하는" 우리 의식의 둔화와 상상력의 부재를 경고하고 지적하는 듯하다. 아니면 그 둔화를 깨고서 단순히 보고 듣는 것 너머에 있는 '영원'의 세계를 추구하는 상징인지도 모르겠다. 하여 그가 같은 해에 쓴 시(詩)의 제목 '이것과 그것'을 그림에 붙여보았다.

그에 따르면, 예술은 현대문명이 불러온 의식의 둔화와 이매지네이션의 부패를 지적해주지만 그 '치명적인 병'을 치료하는 데 결정적인 역할을 하는 것은 종교다. 그래서 그는 기독교 신앙이 "진부하고 낡아빠진 회고주의"에 빠지는 것을 극히 경계하면서 "기독교가 갖는 본래의 역동성"을 회복할 것을 강조한다. 자신의 '슐리어리스트 신학'은 한마디로 '靈의 신학'과 '새 술에 취한 사람들의 말'이라고 하는데, 눈에 보이고 귀에 들리는 모든 현실의 감각을 뛰어넘으면서도 바로 또 그 안에서 그 너머를 보기 때문에 그의 신학과 예술은 참으로 '불이적'(不二的)이다.

자유로운 선善

이신, 1975년 作

자유로운
선善

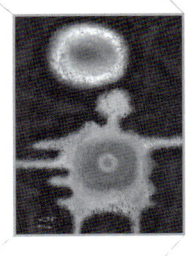

우리가 하고 있는 무슨 도덕률의 기준이 그러니 거기에 따라서 행하는 것도 아니요 하나님이 강요하시니 그렇게 하는 것도 아니다. 하나님은 우리에게 그렇게 노예의 입장에서 섬기기를 원치 않으시고 자원하는 마음으로 그를 섬기기를 원하시는 것이다. 착하고 아름답고 참된 마음을 우리에게 주셔서 그것을 스스로 원하는 마음으로 행하기를 즐겨하시는 것이다. 이 주시는 자는 그런 것을 가장 좋은 선물로 우리에게 주셨다. 세상에서 가장 즐거운 일은 좋은 일을 원하는 마음으로 해 나가는 것이다.

이 신 "자유로운 선" 중에서

* 이신 지음『李信 詩集 돌의 소리』, 142.

이번 그림은 5호 정도의 작은 유화다. 역시 1975년 작이다. 이 그림은 내가 오랜 동안 가까이에 두고 보면서 그다지 어렵지 않게 그 속 이야기를 상상하며 지내왔다. 내 속의 밝은 빛, 주변이 온통 어두워도 우리 안에서 결코 꺼지지 않는 밝은 주황과 연두색의 생명과 양심의 주머니, 그것이 우리 머리 위 하늘에 있는 또 다른 심연과 깊이 연결되어 있다는 안온감과 신뢰, 추구와 지향의 마음! 하지만 하늘의 그 핵은 그다지 밝지 않은 흐릿한 파랑색과 퍼져가는 회색으로 다시 흰 동그라미 안에 놓여 있다.

이 그림의 제목을 이신의 다음 글의 제목(자유로운 善)에서 따와 보았다. 그가 그렇게 강조한 신앙의 주체성이라고 한 것도 이와 다르지 않을 것이다. 또한 신앙의 주체성을 지키기 위해 '고독'할 수 있고, '저항'할 수 있으며, 온갖 회유와 의심, 고통과 욕망에도 불구하고 그것들을 넘어설 수 있는 '상상'도 이러한 우리 안의 깊은 핵, '자유로운 善'의 또 다른 이름일 것이다.

오늘은 그가 이러한 그림을 그리던 때로부터 상황이 많이 변해 오히려 개인과 자아와 정신이 공동체와 공적 영역과 몸의 영역을 온통 훼손한다고 비판받는다. 하지만 그 비판대로 우리 시대에 다시 세우고자 하는 인간적 공동체와 공적 영역, 몸의 영역도 우리 각각의 인격과 정신과 상상의 의식이 바로 서지 않고서는 회복되지 않는다는 것이 그의 신학과 그림이 지시하는 메시지다. 그가 1979년에 번역한 현대 러시아 사상가 니콜라스 A. 베르댜예프(1874~1948)는 "인간은 하나의 수수께끼다. 그리고 아마 세상 최대의 수수께끼일 것이다. 인간이 수수께끼인 것은 그가 하나의 동물이기 때문도 아니요, 그가 사회적인 존재이기 때문도 아니며, 또 자연과 사회의 일부란 이유 때문도 아니다. '인간'이 수수께끼인 것은 하나의 '인격'(personality)이기 때문이다."(「노예냐 자유냐」, 이신 옮김, 늘봄, 2015, 24쪽)라는 말로 그 사실을 잘 적시해주었다.

새 그리스도로지

이신, 1980년 作

새
그리스도로지

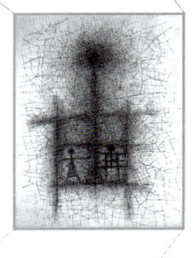

아무에게도 매인 바 되지 않았던 나사렛의 목수
그분은 결코 우리들을
노예로 다루지 않습니다.
…

죽음의 슬픔도, 죽음의 고통도
오히려 그것이 있기 때문에
사람이 뜻 있게 살 수 있는 것으로
생을 승화시킬 수 있느니라고 부르짖으십니다.
…

그러니 세상에
억울한 일은
사람이 사람답지 못한 일을
하다가 죽는 것이 아니겠습니까.
비굴한 일을 하다가
죽는 것이 아니겠습니까.
이런 의미에서
한 사람의 인격이 그 사람의
수치스러운 일 때문에 치명상을
입는 일이 아니겠습니까.

이신 "나사렛의 목수상 - 새 그리스도로지" 중에서

*이신 지음 『李信 詩集 돌의 소리』, 66-70.

이신의 그림 중 가장 큰 그림이다. 또한 마지막 그림(1980년)이기도 하다. 당시 그는 충북 괴산군 소수면(소수 그리스도의 교회)에서 다시 서울로 올라와 원효로에 살았는데, 이 그림을 어느 전람회에 출품하기도 한 것으로 기억한다. 화실이 따로 있을 리 없던 그는 방 한 편 책장 앞에 큰 캔버스를 세워 놓고 작은 붓으로 선을 이어나갔다. 우리가 밖에서 돌아오면 들어와 그리고 싶은 대로 선을 이어보라고 청하기도 하셨는데, 그렇게 하나씩 하나씩 짧은 선들이 이어지면서 그 안에 없던 사람의 형상이 튀어나오기도 하고, 다시 또 이어지면서 또 다른 사람들, 아니 전체가 온통 하나로 이어져 커다란 그물망이 생겨났다.

나는 이 그림을 보면서 여러 상상을 한다. 천지창조처럼 아무것도 없던 흰 캔버스에 작은 점과 선들이 모여 거대한 생명망이 생기고, 그 창조와 탄생의 과정이 더욱 세밀하고 내밀해지면서 거기서 인간이 탄생하고, 다시 그 핵이 점점 튼실해지면서 마침내 그리스도의 형상이 떠오르는 것 같다. 그 모두를 품고 있는 커다란 생명망의 우주적 마음!

이신은 1968년 미국 유학 시절 내슈빌에서 "나사렛의 한 목수상(木手像) - 새 그리스도로지"라는 시를 지었다. 시의 부제에서 이 그림의 제목, '새 그리스도로지'를 따왔다. 이신은 러시아 사상가 베르댜예프(1874~1948)의

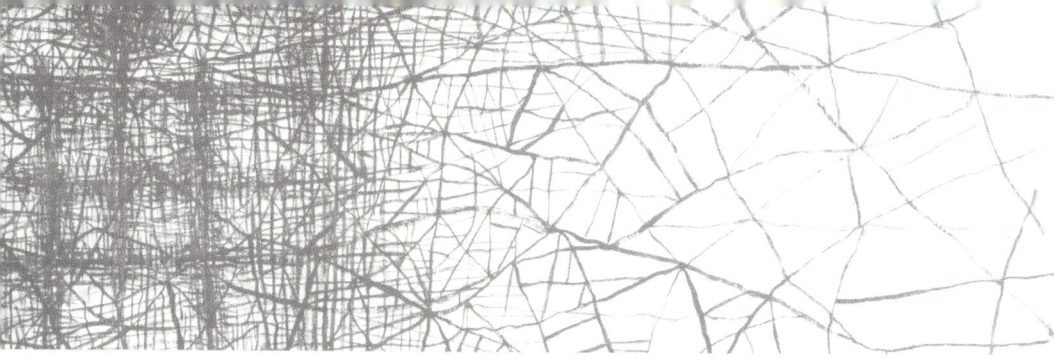

다음 말을 아주 의미 깊게 여겼는데, 그가 마음에 품었던 새로운 그리스도의 모습이 여기에 담겨 있는 것 같다.

> 인간의 노예상은 인간의 죄를 말해주는 것으로서 이 타락은 특이한 의식구조를 갖고 있어서 단순히 회개하고 속죄하는 것만으로 극복될 수 없고 인간의 모든 창조적인 활동에 의해서 극복될 수 있는 것이다.(니콜라스 A. 베르댜예프, 『노예냐 자유냐』, 이신 옮김, 늘봄, 2015)

부활이 의미하는 것

이신, 1980년 作

부활이 의미하는 것

부활은 어제나 오늘이나 내일 이렇게 분열된 시간 안에서 일어나는 것이 아니라 그리스도가 "지금도 그때라" 한 영원 가운데서 일어난다. 말하자면 이것은 하나의 종말론적 의미에서 말씀하신 것이다. … 부활은 이 인격적 실존의 영원성을 믿는 신앙에서만 확실한 것으로 비로소 부각되어 올라오는 것이다. … 사람이 보통 두려워하는 죽음은 사실은 두려워할 것이 못 되고 그런 인격적 의미에서 말하는 죽음은 참으로 두려운 것이다.

이신 "부활이 의미하는 것" 중에서

* 이신 지음 『李信 詩集 돌의 소리』, 133.

이신이 1972년 초에 그린 15호 크기의 유화로, 캔버스에 모래를 반죽해 바르고 그 위에 유화 물감으로 그렸다. 여러 면에서 대비되는 두 모습이 나란히 어깨동무를 하고 가볍게 걷고 있는 모습이다. 춤을 추고 있는 것 같기도 하다. 검정과 하양, 초록과 주황, 새와 물고기, 팔을 위로 올린 모양과 아래로 내린 모양 등 이신은 이 두 서로 다른 것과 상극의 존재를 크게 하나 되게 하는 참된 자유와 평화를 꿈꾸었다. 자신의 신학을 표현하기 위해 가져온 '쉬리얼리즘'을 그는 "동서를 가릴 것도 없고 절대의 합일점인 Surrealite를, 물질과 정신, 의식과 무의식, 신화와 역사, 성과 속 등의 통전계(統全界)를 추구하는 것"이라고 소개하면서 사람들의 오랜 습관인 싸움과 다툼, 분열을 마무리할 "의식의 혁명"을 요구했다.

이번 그림의 제목을 따온 그의 글 "부활(復活)이 의미하는 것"에서 이신은 사람들이 그리스도가 가르치신 부활에 대해 많이 오해하고 있고, 그 제자들도, 또한 오순절 이후에도 이 오해가 계속되고 있다고 지적한다. 이렇게 부활을 인격적 믿음의 종말론적 사건으로 보는 이신은 그래서 그 부활을 어떤 실체나 한꺼번에 영구히 소유할 수 있는 무엇으로 이해하는 것을 비판한다. 이는 어느 화가나 작가가 자신이 창조해낸 창조물을 자기 자신보다 더 소중히 여기고, 그것을 절대화하는 또다른 노예화의 태도와

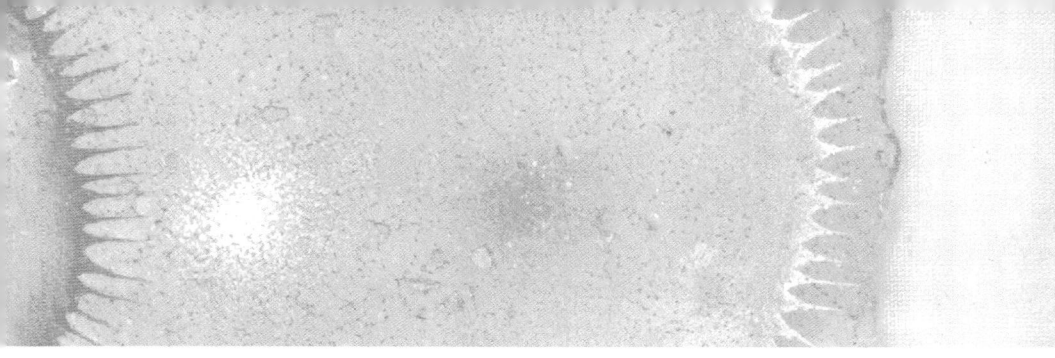

유사하다고 할 수 있다. 이신의 이번 그림은 바로 그러한 종말론적 부활에서 맞게 되는 기쁨과 환희, 그 안에서 온갖 갈등과 분열이 극복되고 원초적인 하나 됨이 회복되는 해방의 즐거움을 그리고 있다고 생각한다.

주시는 자

이신, 1960년 作

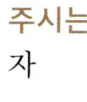

주시는
자

우리에게 있는 모든 것은 하나도 '주시는 자'에게서 받지 않은 것이 없다. 내 몸을 내가 만든 것도 아니고 내 마음도 내가 마음대로 지어내는 것이 아니고 이 주시는 자에게서 받는 것이다. 내가 이 시대에 태어나고 내가 이런 국적을 가지고 내가 이런 형편 속에 주셔서 가짐이 된 것이다. 이 주시는 자는 전에만 주신 것이 아니고 지금도 간단없이 주시고 있는 것이다. 이렇게 모든 것을 주신 것으로 생각할 때 세계를 보는 눈은 달라진다. 우리는 주시는 자의 후손이다.

이신 "주시는 자" 중에서

* 이신 지음 『李信 詩集 돌의 소리』, 141.

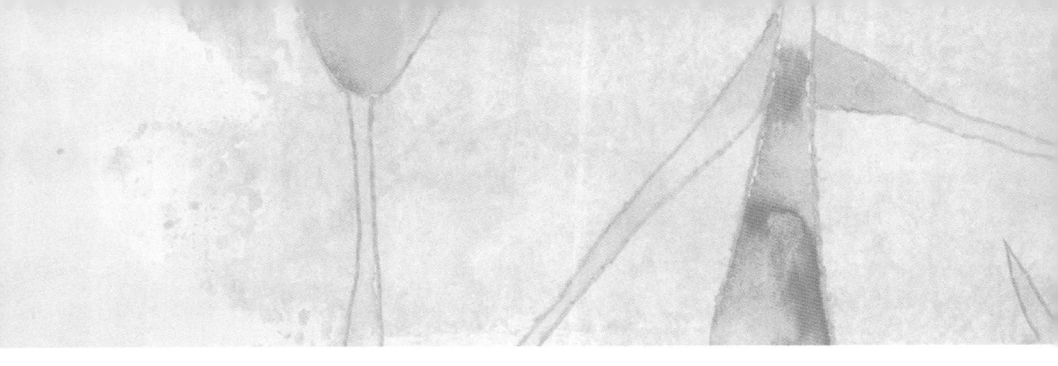

이 그림은 1960년 작품이다. 수채화이고, 이 시기에 유사하게 그린 여러 그림들 중 하나다. 당시 일본 식민지를 거쳐 6·25전쟁을 겪은 후 그리 오래지 않은 한국 화단에서는 어떠한 형태의 그림들이 주를 이루었는지 미술사적 탐구에 문외한인 내가 잘 판단할 수는 없다. 하지만 이신의 이러한 그림처럼 아주 고유하게 완결된 형태의 미적 감수성을 드러내는 그림들이 5, 60년대 한국적 상황에서 그려졌다는 사실이 매우 놀랍다.

그는 당시 전쟁 통에 돌아가신 부모님을 대신해 동생들을 돌봐야 했고, 미국 그리스도의 교회 선교사들과 성서와 성령 해석 문제로 어려움을 겪던 상황이었다고 들었다. 국가적으로도 4·19 혁명과 5·16 군사쿠데타로 매우 어려운 시절이었지만, 이 그림의 전체적인 톤은 매우 밝고 명랑하다. 집이 보이고, 나무가 보이며, 엄마와 아이가 즐겁게 손을 잡고 어디론가 가고 있다. 언뜻 화가 이중섭의 가족이 생각나기도 한다.

이신의 세대들은 오늘의 우리보다 훨씬 많은 삶의 고통과 어려움들을 겪었을 터인데 어디에서 이처럼 삶의 원초적인 기쁨과 유희를 그려낼 힘을 얻었을까 의아함에 묻게 된다. 여기에 대한 설명이 될지 모르지만, 이신의 단문 중에 "주시는 자"라는 글이 있다. 이 글을 읽으면서 생각했다. 만약 그가 오늘의 우리처럼 가진 모든 것을 자신만의 힘으로 얻고, 스스로

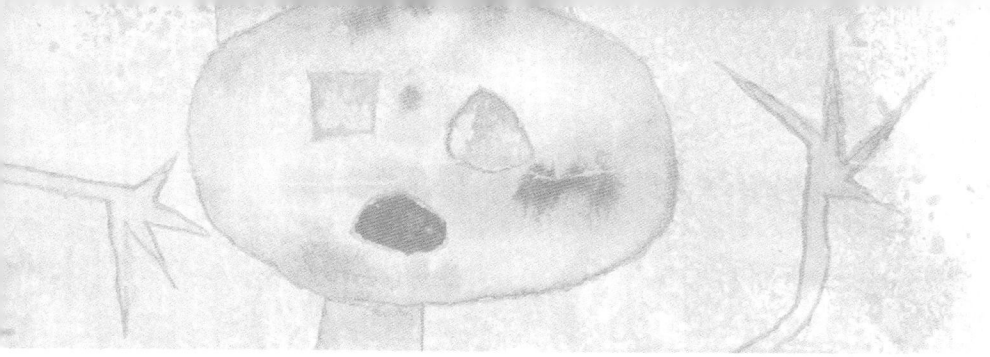

의 노력에만 달린 것으로 생각했다면 그러지 못했을 것이다. 그와 그의 세대는 이와는 달리 우리가 삶에서 얻는 것은 궁극적으로 '주시는 자'의 선물이고, 우리 앞의 '선험성'에 의해 그리 된 것이며, 그래서 삶은 신뢰할 만하다는 믿음을 잃지 않았기 때문이 아닌가 생각한다.

우리가 자유한 것은 먼저 우리를 자유로 불러주신 이가 있고, 우리가 믿을 수 있는 것은 우리를 먼저 믿어주신 부모님이 있으며 삶의 이웃이 함께했기 때문이며, 그렇게 우리의 존재는 바로 하늘과 세상 선험성의 선물이고 은총이라고 여긴다. 이 그림은 그렇게 매우 천진하고 순진하게 우리 탄생과 존재의 선한 선험성을 그린 것이라고 본다. 우리 존재에 대한 자존감과 자신감도 결국 그러한 믿음과 그 믿음의 회복에 근거해야 하는 것이 아닌가 나는 생각한다.

영원을 향해서 열린 문

이신, 1959년 作

영원을 향해서 열린 문

너는 나와만
있는 것이 아니라
너는 너와 있다.
나는 너와만
있는 것이 아니라
나는 나와 있다.

너나 할 것 없이
나너 할 것 없이
모든 너는 너의 너요
나는 나의 나니
너의 나도 되고
나의 너가 된다고 할지라도
그와는 멀어질 필요가 없다.

너는 너와
악수 청하고
나는 나와
악수 청할 때
너와 나는
악수를 하게 될 것이고
나와 너는
웃을 것이다

이신 "너와 너 나와 나" 중에서

*이신 지음『李信 詩集 돌의 소리』, 87.

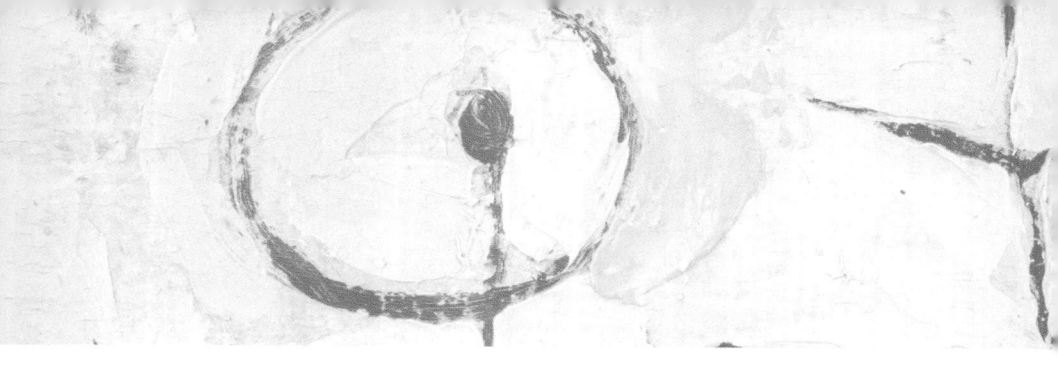

이신의 이른 시기 작품이다(1959년). 30대 초반, 충북 괴산의 작은 시골 교회에서 목회하면서 냇가의 돌들을 주워 교회 건물을 짓고, 열정을 다해 시골 청년들에게 복음을 전하던 때인 것 같다. 당시 이신의 헌신과 열정에 감동하여 교회에 나오게 된 한 청년이 나중에 우리 고모부가 되었고, 이후 쭉 이신 곁에서 물심양면으로 큰 지지대가 되어주셨다.

이 그림은 아주 작은 유화이고, 전체적으로 연두색 계열의 밝은 느낌을 준다. 지난 2013년 한국(부산)에서 WCC 10차 총회가 열렸을 때 '한국여신학자협의회'는 『Life Flowing through Korean Feminist Theology』라는 영문 책자를 발간해 한국 여성들의 생명과 평화, 정의의 영성을 세계에 알리고자 했다. 그 책의 표지에 이 그림을 썼는데, 당시 친구들은 한결같이 이 그림이 화해와 우애, 우주적인 하나 됨과 생명의 기쁨을 담고 있는 매우 여성신학적인 그림이라고 말했다. 두 남녀가 생명나무를 가운데 두고 팔을 펴서 춤추고 있는 듯한 간단한 형상의 그림이다. 여성의 얼굴 형상을 둥근 원이 다시 감싸고, 남성이 그녀의 앞장서는 길을 뒤따르는 모습이다.

이신은 이후 70년대에 써내려간 「슈리얼리즘의 신학」에서 "영원을 향해서 열린 문"이라는 표현을 썼다. 그것은 우리가 '보기는 보아도 보지 못하

며, 듣기는 들어도 듣지 못하는' "의식의 둔화"나 "이매지네이션의 부패"와는 다르게, 나와 너의 어우러짐, 내 속의 너, 너 속의 나, 나 속의 또 다른 나, 너 속의 또 다른 너 등을 알아보는 계시의 의식을 말한다.

이렇게 우리의 의식이 영원을 향해 열려 있고, "둔화되어 있으면서도 둔화된 줄을 모르"거나 온통 그 상상력이 부패되어 아무것도 믿을 수 없고, 행할 수 없고, 기뻐할 줄 모르는 상태로 떨어지지 않으려면 어린 시절부터 작은 삶의 반경 안에서 긴밀한 인간적인 관계와 함께 살아가야 한다고 동서의 많은 지혜가 말한다. 오늘 한국 교회가 온통 큰 것만을 지향하고, 외적인 화려함과 맘몬주의에 사로잡혀 그 의식이 한없이 부패되어가는 것을 보면서 어떻게 다시 그러한 작고 소박한 교회 공동체를 회복할 수 있을까 생각한다. 이번 이신의 그림과 아래의 시는 우리로 하여금 다시 그러한 참된 자유와 우애, 작음 속에 내재한 환희를 꿈꾸게 한다.

돌의 소리

이신, 1979년 作

돌의
소리

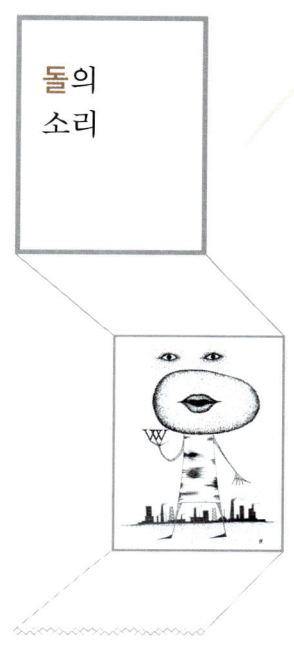

"돌이 소리친다"는 것을 누가 발설한 소리인지 이것은 참으로 장관을 자아내는 데 그것은 이 소리가 단순히 요즘 사람들을 심판하는 소리요 또 어처구니없는 논리를 말하는 것이라고 이해한다면 그것은 여간 오해가 아니다. … 말하자면 쉬르리 얼리슴은 "인간의 전면적인 해방"이라는 것을 내세우는 것이기에 V字 세 개를 합친 VVV字를 창조하고 사람이 "살기에 적합한 세계로 돌아가자는 열망으로서의 V(승리) 곧 현재 지상에 맹위를 떨치고 있는 역행과 죽엄의 세력에 대한 승리뿐만 아니라 이중의 V, 즉 이 최초의 승리를 극복한 V, 인간에 의한 인간의 노예화를 영구히 존속시키려는 것에 대한 V, 또는 이 VV, 이중의 승리를 넘어서 인간의 해방이 그 선결조건인 정신의 해방에 대립하는 일체에 대한 V … "(VVV선언)를 선언하기에 이른 것인데 … 예술이라는 것 종교라는 것이 하나의 매개체를 담당하고 있지마는 종전의 것들은 요즘 사람들의 병에 약효가 잘 나는 것 같지 않으니 이런 새로운 처방을 하게 된 것이다.

이신 "돌의 소리" 중에서

* 이신 지음 『李信 詩集 돌의 소리』, 143-146.

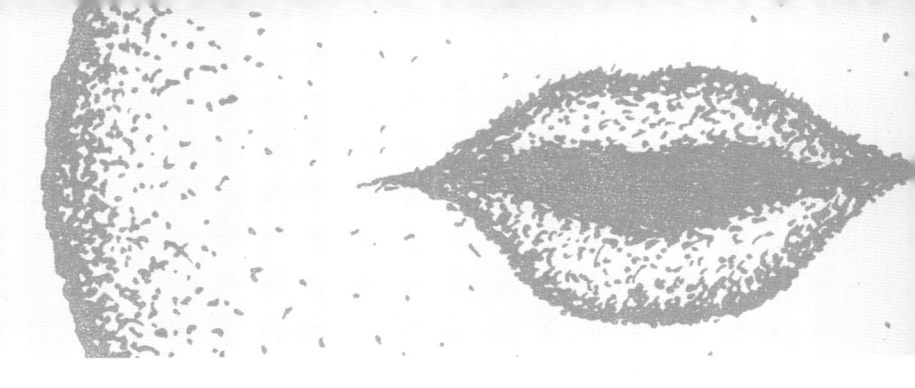

이번 그림은 1979년 '한국쉬르리얼리슴연구소'라는 연구모임을 시작하고서 그 모임을 알리는 첫 번째 소식지(1979. 4. 20)의 표지로 그린 것이다. A4지에 검정 잉크 펜으로 섬세하게 그린 그림과 함께 "돌의 소리"라는 제목의 글에서 "돌이 소리친다"는 말이 무엇인지, '쉬르리어리슴'이 무엇을 말하려는 것인지, 왜 자신들이 이 이름으로 모였는지 등을 띄어쓰기 없는 자동기술법의 글쓰기 방식으로 써 내려간 것이다.

이신의 슐리얼리즘(초현실주의) 연구는 아주 이른 시기부터였던 것으로 안다. 1940년대 일제강점기 부산상고를 다닐 때 부산시립도서관의 미술에 관한 책은 거의 읽으셨다고 들었다. 1924년 서구에서 제1차 세계대전이 끝나고 혹독한 인간성 파괴와 가치붕괴의 현실을 목도하고서 앙드레 브르통(Andre Breton) 등의 젊은 예술가 그룹들이 '슐리얼리즘의 선언'이라는 전위예술적 선언으로 시대를 흔들고자 했다. 이신은 그러한 슐리얼리즘 선언이 결코 서구나 그들만의 발설이 아님을 강조한다. 예전 동양의 현자들이나 "우리네의 그림이나 글들" 속에, 특히 허균의 홍길동전 같은 것도 그 '초현실'(Surrealite)의 세계를 거침없이 그려놓았다고 해석한다. 그래서 20세기 초 서구 예술가들이나, 1940년대 아시아 변방의 한 식민지국가에서 만나고 좋아했던 그의 젊은 시절의 추구, 다시 30여 년의 시간차를 두

고 박정희시대 말기의 암울함 속에서 그 의미를 다시 새기며 "돌의 소리"라는 글로 발설해내고자 했던 간구들이 모두 유사한 소리를 내고 있는 것 같다. 그것은 현실의 절망과 암울함을 뚫고 전혀 새롭고 자유로운 세상, 전면적인 인간 해방의 새 세상을 드러내는 일이다. 그리고 또한 그 일은 결코 물질과 정신, 의식과 무의식, 신화와 역사, 聖과 俗, 종교와 정치, 예술과 정치 등을 서로 나누는 것을 통해서가 아니라 바로 그러한 분열과 이분(二分)을 극복하고 치유하는 일을 통해 가능해진다고 외친다. 오늘 우리 시대에 한국 교회와 그 소수의 권력자들이 자신들이 가진 현실만이 참된 현실이고 거룩(聖)이라고 주장하며, 거기에 들지 못하는 사람들과 영역들을 천시하고 무시하고 속(俗)으로 차별하며 낙인찍는다. 하지만 그렇다면 다시 돌들이라도 일어나서 소리칠 것이라고 외치는데, 그 돌의 소리가 바로 하나님의 소리인 것을 알아듣는 사람들이 있기 때문이다.

불이 어디 있습니까

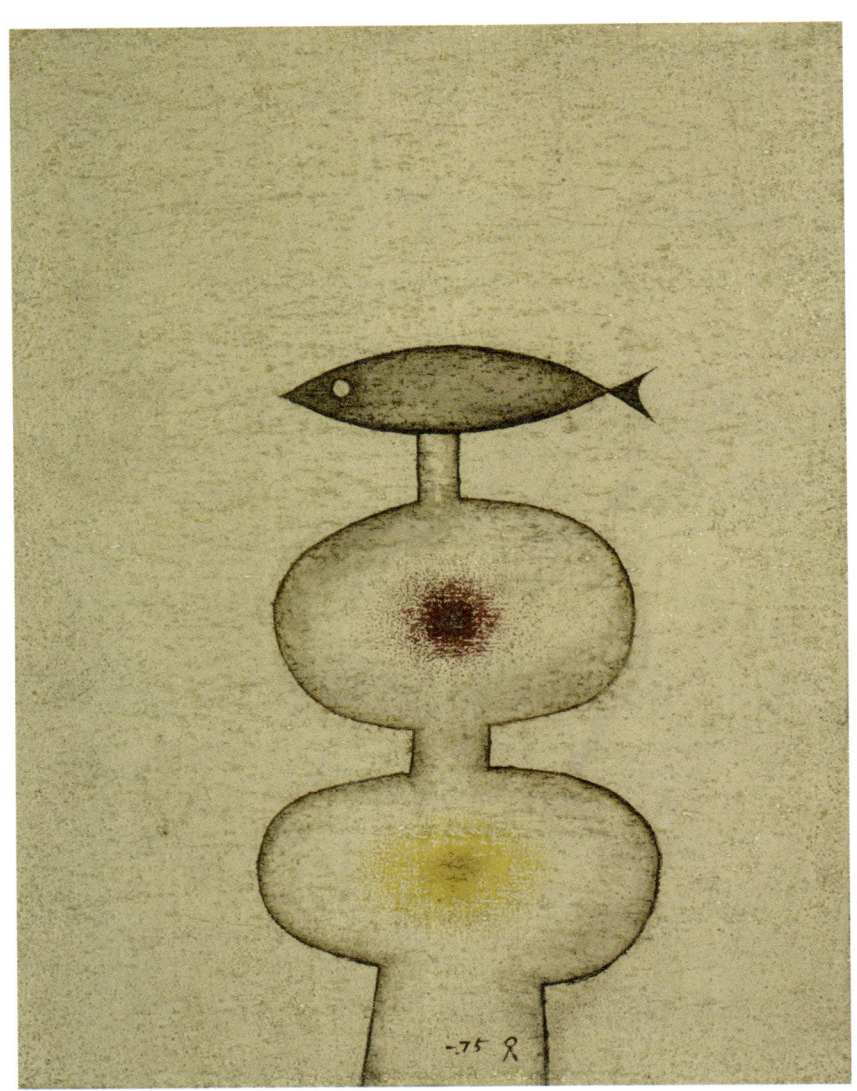

이신, 1975년 作

불이
어디
있습니까

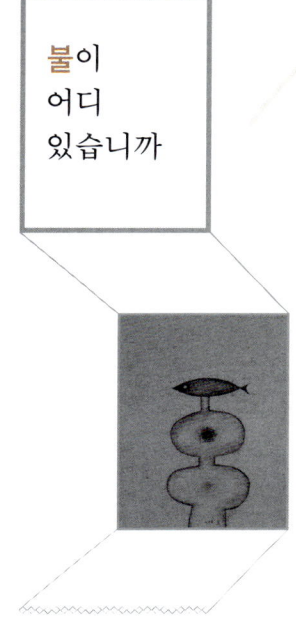

불이 어디 있습니까

당장에는 없는 것
눈을 씻고 봐도 없고
손을 흔들어도 없는 것

없어도
있는 것
있으면서 없는 것

돌과 돌이 부딪혀서
나는 것
쇠와 쇠가 부딪혀서
있는 것

어둠의 장막이 내리고
산촌에 길을 막을 때
비치는 불빛

이신 "불이 어디 있습니까" 중에서

*이신 지음 『李信 詩集 돌의 소리』, 108.

1975년에 그린 5호 정도 되는 작은 유화이다. 가장 먼저 소개했던 '고독한 유랑자'의 그림 톤과 유사하고 비슷한 시기에 그려졌다. 이미 밝혔지만 그 때 이신의 개인적인 상황은 매우 어려웠다. 한 해 전(1974년)에 선포한 '한국 그리스도의 교회 선언'으로 한국교회가 진정으로 개혁의 길을 가기 원했지만 그렇게 이해를 받지 못했고, 주거지도 헐리고 오갈 데 없는 처지에서 결국 자식들은 서울에 남겨둔 채 시골로 내려가게 되었다. 그런 상황에서도 그는 절망하지 않고 아주 절제된 선과 색깔로 물고기의 상징을 드러내면서 이 그림을 그렸다. 물고기는 그리스도의 상징이다. 생명의 풍요를 나타내고, 부활한 예수의 상징이기도 하다. 그가 무척 좋아했던 요한복음에는 스승이 십자가에서 처형된 후 절망 가운데서 고기잡이하던 제자들에게 나타나 손수 불을 피우고 물고기를 구워서 제자들의 아침상을 차리신 예수 부활 이야기가 있다. 당시 이신의 심정이 이러한 부활의 주님에 대한 환상과 그리움이었을까? 올해 종교개혁 500주년을 맞이하여 『환상과 저항의 신학-이신(李信)의 슐리얼리즘 연구』라는 책을 내면서 표지로 이 그림을 택했다. 이신은 시대를 앞선 종교개혁자로서 '한국 그리스도의 교회 선언'을 했다. 한반도의 긴장과 위기상황으로 우리 민족의 오랜 사대주의를 치유한다는 것이 어렵다는 것을 더욱 실감하는 요즈음 "신앙마저 남의 나라의 종교적

식민지가 되어서는 안 될 것"이라며 끊임없이 강조한 그의 말이 더욱 생각난다. 그는 한국 교회를 온갖 서구 교회의 추종에서 벗어나 참된 초대 교회로 개혁하고자 했다. 하지만 그러한 '환원운동'이 결코 "세례와 성만찬과 교회의 이름 등의 외면적인 환원에만 주력"하자는 것이 아니고 "사도행전에 나타난 성령의 내면적인 역사가 따라야 하는 것"이라고 밝혔다. 그러나 다시 그 성령의 역사라는 것도 "어느 주관주의자들이 주장하는 것처럼" 되어서는 안 되고, "신앙의 내용과 형식의 일치를 보는 겸전한 신앙", "'한국 그리스도의 교회' 전체가 유기적으로 하나가 될 수 있는 연합적 조직체의 형성", "성례전의 재인식", 그리고 성령을 통한 "신앙 내용의 올바른 깨달음"이라는 측면을 고루 갖춘 참된 교회이기를 원했다.

그의 시 "불이 어디 있습니까"는 이러한 염원과 추구를 잘 표현해 준다. 진정 한국 교회의 개혁과 자주를 바라시는 성령의 바람처럼, 그 바람을 염두에 두고서 어떤 어려움도 견디면서 고독과 저항과 환상의 길을 가는 고독자의 신앙처럼, 그 불이 결국 한국 교회와 우리 공동체 삶의 시간과 공간을 근본적으로 변화시킬 것을 믿는 믿음이 표현된 것이 아닐까 한다. 그래서 그것은 우리 존재와 신앙의 핵으로서 다시 한국 교회를 종교개혁 500년을 넘어서 또다른 종교개혁으로 이끌 것이다.

가난한 족속

이신, 1950년대 말 ~ 60년대 초 추정 作

가난한 족속

그 눈동자에는 깊숙이
불빛을 머금은 채
한번은 하늘을 쳐다보고
또 땅을 쳐다본다.
가난에 지친 채 목은 길어지고
발걸음은 느리지만
속에는 큰 바람이 일고 있다.

맑고 밝은 것을 좋아하는
성벽(性癖)이
가난으로 승화(昇華)하고
저 하늘에 별빛을 계수(計數)하면서
살다가 이제는
그것도 던지고
끝없는 여로(旅路)를 떠난다.

이신 "가난한 족속" 중에서

* 이신 지음 『李信 詩集 돌의 소리』, 48.

이번 그림은 오랜 빛바램으로 그 연도를 정확히 인식할 수 없지만 대략 1950년대 후반에서 60년대 초반의 것으로 보이는 5호 정도의 작은 유화이다. 당시 한국 사람들은 거의 모두가 가난했다. 혹독한 한국전쟁을 겨우 벗어나고 이승만 독재와 4·19 전후의 혼란, 5·16 군사 쿠데타 등을 겪으면서 마주했던 비참함과 참담함을 무어라고 말할 수 있었겠는가? 이즈음 이신의 시에 "가난한 족속"이라는 제목의 시가 보인다(『李信 詩集 돌의 소리』, 2012). 이 시는 두 연으로 구성된 그리 길지 않은 시이다. 이 그림처럼 시에서도 한 가족이 깊은 시름에 잠겨 길을 떠나는 모습이 형상화되고 있다. 모두 고개를 땅에 떨구고 등에는 짐을 지고서 무거운 발걸음을 떼는 모습이다.

이신의 신학과 예술에 관한 저술 「환상과 저항의 신학: 이신(李信)의 슐리얼리즘 연구(2017)」에서 공동 저자로 함께한 김성리는 이 시와 관련해서 다음과 같이 독해한다. 이신은 결코 가난한 족속을 연민의 시선으로 보지 않았다고 한다. 오히려 딸의 죽음 앞에서도 드러내지 않던 고통의 감정을 간직하고 있지만, 바로 신이 된 나사렛 예수의 모습을 가난한 족속의 얼굴에서 보기 때문에 "승화"와 "여로"의 상징으로 그 이상을 지시하고 있다고 말한다. 가난에 지친 채 목은 길어지고 꺾이었지만 그 안에 "큰 바람"이 일고

있고, 하늘의 별빛을 계수하면서 살아왔지만 그마저도 던지고 긴 길을 떠나는 무(無)의 저항과 환상을 말한다는 것이다. 오늘 우리가 이 땅에서 겪는 온갖 가난과 질병, 고통과 외로움을 어떻게 할 것인가? 특히 지금처럼 돈과 물질만이 모든 것 중의 모든 것이 되었고, 현재의 쾌락과 안락만으로 가치의 척도를 삼는 현실에서 그로부터 소외되고 가지지 못한 삶을 어떻게 이해하고, 납득할 수 있을까? 이신은 이즈음에 다음과 같은 시도 지었다.

> "귀뚜라미 소리 이국의/ 창밖에 들리고/ 가난과 굶주림 속에서/ 멀리 멀리 떠나가 버린/ 딸의 이름 '은혜'(恩惠)를/ 천정을 향해 불러 본다./ 그리고/ 귀를 종그리고/ 그의 대답을 기다린다."(1966/9/11)

김성리 선생은 이 시도 언급하면서 다음과 같은 말로 이신의 묵시 연구를 마무리한다.

> "이신은 묵시를 통하여 빛보다 밝은 어둠을 찾고 시각을 초월한 영(靈)을 보고자 했는데, … 이신의 '靈'은 초현실적인 신비라는 뜻보다 '현실을 초극하는 정신'이라는 의미를 지닌다. … 이신의 묵시는 시간적인 종말을 초극하여 영원한 정신으로 현존하는 것인데, 그 표상이 예수였다. … 따라서 이신의 묵시는 종말이 아니라 삶의 새로운 의미를 찾아가는 새로운 시작이며 영원이다."(같은 책, 161~163쪽)

계시 I

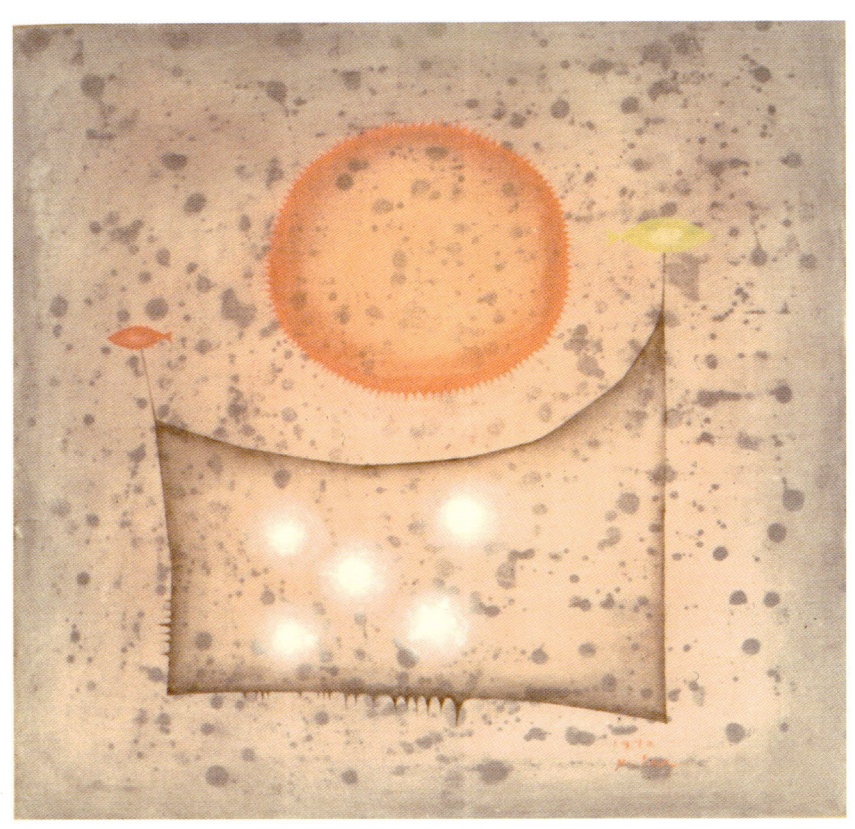

이신, 1970년 作

계시 I

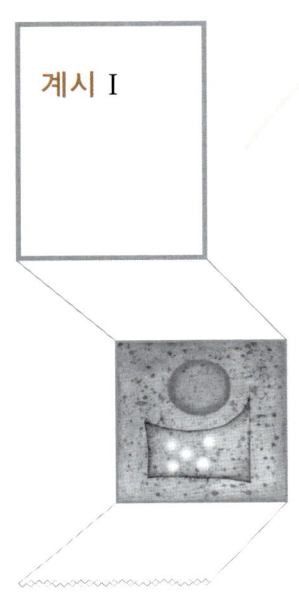

흰 구름이 떠 온다.
그리고 흰 구름이 점점 가까워지더니
하늘에 한 SENTENCE를 계시한다.
그것은

신은 간밤에 처녀와
결혼했는데 하루 사이에
아들을 낳아
이름을 HALOM이라고 하니
이가 모든 인간들에게 어디서 오는지
모르게 살짝 내려와서
온갖 의미를 부여한다.

이것은 정말 일순간의 일이었기 때문에
이것을 해독한 사람은 세상에 한 사람밖에 없다.

이신 "계시 I" 중에서

* 이신 지음 『李信 詩集 돌의 소리』, 84.

초현실주의 신학자 이신의 삶과 그림을 소개하며 마지막으로 가져온 이 그림은 사실 우리 가족들도 직접 보지 못했다. 다만 그가 5년여의 미국 체류를 마치고 1971년에 귀국했을 때 미국에서 그린 그림들을 환등기의 필름이나 카메라 사진으로 담아 가져온 기록물에 있을 뿐이다. 이 그림은 귀국하기 1년 전인 1970년의 작품으로서 지금 미국 어디엔가 누군가의 소장품으로 있을 것이다.

이신은 신학박사학위 논문으로 "전위 묵시문학 현상-묵시문학 해석을 위한 현상학적 출처들"(The Phenomenon of Avant-Garde-Apocalyptic: Phenomenological Resources for the Interpretation of Apocalyptic)을 썼다. 이 논문은 기독교의 근원적인 새로워짐을 위해서 기독교 복음의 원형이 담겨 있다고 보는 유대 묵시문학 예언자들과 환상가들의 영적 비전과 저항을 연구한 것이다.

그는 그 환상과 저항이 20세기 초 제1차 세계대전을 뚫고 나온 전위파 예술 운동가들의 초현실주의 의식과 닮았다고 보았다. 또한 이신은 그 논문에서 이미 19세기 중엽 한국 동학의 최제우를 같은 전위 묵시문학가로 보고 논문에 담았다. 귀국 후 몇 차례에 걸쳐 "전위예술과 신학"이라는 제목으로 『기독교사상』에 그러한 자신의 통찰을 담아냈다. 이신의 이 그림이 무엇을 의미하는지 우리는 어쩌면 "보기는 보아도 보지 못하며, 듣기는 들어도 듣지 못"하는지도 모르겠다. 이 그림과 더불어 소개하는 그의 시 "계시I"도 유사한 시기에 쓴 것으로 보이지만, 이 역시 '새 술에 취한 사람들'의 말처럼 쉽게 알아들을 수 없다. 다만 가늠할 수 있는 것은 이번 그림의 형상이 보여주는 대로 대지 위에 찬란한 태양이 떠오르듯이, 두 마리 물고기의 상징으로 전적 새로워짐의 세계가 희구되듯이 그는 참으로 새로운 신학과 세상의 탄생을 고대했다는 것이다. 그는 이 새로운 탄생이 바로 영적 소수자들의 창조적 비전과 저항에서 가능해진다고 보았다. 슐리어리스트는 바로 그러한 영적 비전을 가지고 기존의 체제와 틀에 반란을 일으키는 계시의 소유자들이다. 2천 년 전에 이 땅에 오신 예수도 그 환상과 저항으로 이 세상이 전적으로 새로워지는 길을 여셨고, 오늘 우리 시대도 다시 새로운 그리스도의 탄생을 고대한다.

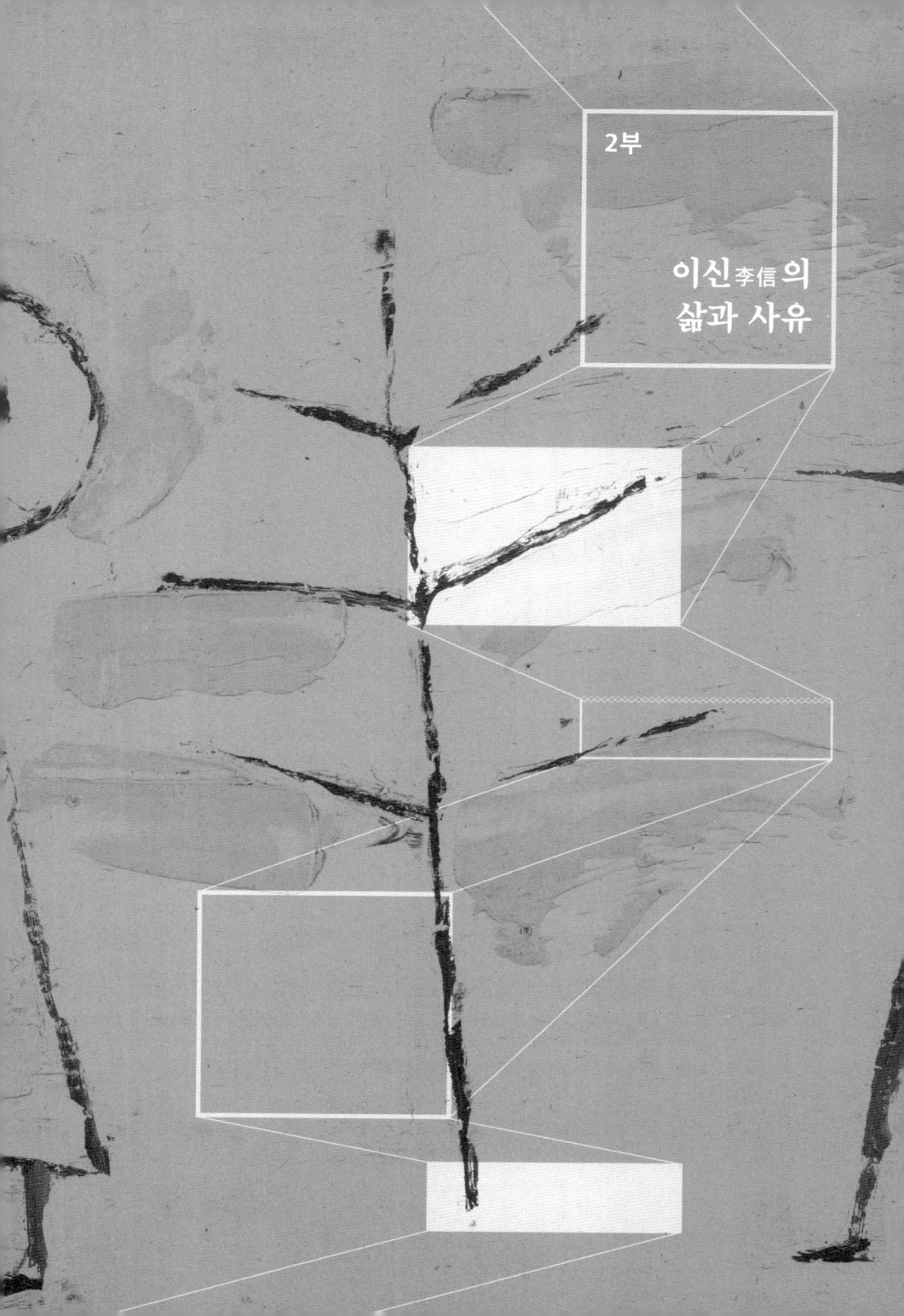

2부

이신李信의 삶과 사유

나는 왜 오늘도 여전히 이신(李信)에 대해서 말하려고 하는가?*

I. 이신을 기리는 일

2016년은 아버지 이신(1927~1981)이 돌아가신 지 35년이 되는 해였다. 여느 때와 마찬가지로 큰동생이 사는 청주에 모여서 예배를 드릴 예정이었지만, 여러 번 생각한 끝에 이번에는 우리가 몇 년 전부터 '이신 아카이브'로 삼고 있는 횡성에서 따로 예배를 드렸다. 그러면서 다시 생각했다. 나는 왜 아버지 이신에 대해 계속해서 말하려고 하는가? 아버지의 자식들 간에도 그를 기리는 일에 있어서 의견과 관점이 서로 다르고 그 의미에 대한 생각에서도 같지 않은데, 그럼에도 나는 왜 이 일을

---

* 현장(顯藏)아카데미 편, 『환상과 저항의 신학: 이신(李信)의 슐리얼리즘 연구』 (동연, 2017), 19-74.

지속하려 하고 그동안의 여러 작업에도 불구하고 항상 부족한 마음이 드는가? 혹자는 자주 듣는 심리학적 언어를 들어서 딸의 상처받은 '트라우마'와 그에 대한 보상 심리 등을 말하기도 하는데, 나는 그것만이 다인가를 수없이 묻는다. 그러는 가운데 2015년 2월에 어머니 정애(鄭愛, 1929-2015) 여사가 돌아가셨다. 지금까지 엄마는 한 번도 자신의 고유성과 독자성으로 생각되지 못하고 온통 아버지에게 속한 존재였다. 54세에 혼자가 되셔서 30년 이상을 홀로 사셨는데도 그랬다. 하지만 엄마가 돌아가시고 시간이 지나면서 생각들이 변하기 시작했고, 그러자 아버지에 대한 생각에서도 다른 면들이 보이기 시작했다.

학문적으로 나는 한 사람의 페미니스트 신학자로 살아왔지만, 특히 아버지와 관련해서는 그리고 남동생들과 그 가족과의 관계에서는 그러한 의식이 잘 연결되지 못한 것 같다. 그래서 다른 면은 잘 보지 못하고 오직 일찍 돌아가신 아버지의 유산들을 어떻게 하면 보다 잘 밝힐 수 있을까의 관점에서만 지내온 것 같다. 그러면서 가족 간의 관계에서 자연스럽지 못한 면들이 쌓였고, 나의 삶에서도 이론과 실제가 분리된 모습을 많이 보여 왔다. 그래서 이번 일을 계기로 나는 다시 한번 진지하게 묻고 싶었다. 신학자이자 목사이고, 시를 쓰시면서 한 슐리어리스트 화가로 살다 가신 아버지 이신의 삶과 사상이 어떠하기에 나는 오늘도 여전히 그에 대해서 말하려고 하는가? 그의 삶과 사고의 어느 부분이 단지 가족의 차원을 넘어서, 아니 그보다는 더욱 오늘 우리 시대에도 의미 깊다고 생각하여 그를 드러내는 일에 집중하고자 하는가? 만약 그가 남긴 것을 그렇게 귀하게 여긴다면, 사실 나의 삶도 그가 지시한 대로 그렇게 변해 왔어야 하고 또 지금도 그런 길을 가고 있어야 하는데, 과연 나는 그러한가? 이런 등등의 질문들이 꼬리를 물면서 힘든 시간을 보내기도 했고, 그러한 가운데 이 글을 쓰게 되었다.

II. 이신의 '믿음'(信)에 대하여

아버지 이신에게 있어서 제일 소중했던 것은 '믿음'을 지키는 일이었던 것 같다. 그는 젊은 시절 자신의 이름을 부모님이 주신 것(李萬修)에 더해서 '믿을' 신(信) 자의 이신(李信)으로 바꿀 정도로 '믿음'을 사는 일에 집중하였다. 그가 제일 소중하게 생각한 말이 "신뢰의 그루터기"였다고 생각하는데,[1] 그는 왜 그렇게 '믿는다'는 일을 중요하게 생각했을까? 전해 들은 이야기에 따르면 그는 일제 강점기에 부산에서 상업학교를 나와 은행에 취업했다가 그만두고, 가족들의 반대에도 불구하고 서울로 올라와서 감리교신학대학에 입학했다. 믿음의 학문인 '신학'을 공부하기 위해서였다고 한다. 이렇게 믿음을 찾아 나선 그의 행보는 더 이어져서 6.25 발발 이후 고향 전라도로 내려가고, '한국그리스도의 교회 환원운동'을 만나면서는 속해 있던 감리교회를 떠난다. 그리고 그

---

[1] 이신/이은선·이경 엮음, 『슐리얼리즘과 영(靈)의 신학』 (동연, 2011), 300.

리스도의교회 환원운동에 헌신하게 된다.

후일 1980년경 『기독교백과사전』을 위해서 그가 쓴 "한국그리스도의교회 환원운동의 전개"라는 역사 서술에 보면, 이신은 이러한 한국그리스도의교회 환원운동도 한국 가톨릭교회의 시발과 마찬가지로 한국인 스스로의 선행된 자각에서 비롯되었음을 강조한다. 그 서술에 따르면 한국 개신교에서의 '그리스도의교회' 운동은 신앙에서 다양한 교파나 그 교파에서의 신조를 따르기보다는 원래 초대교회의 순수한 믿음을 회복하는 일이 긴요하다고 보고, 그것을 깨달은 소수자에 의해서 시작되었다고 한다. 일본 식민지 시절의 혹독한 상황에서 감리교회나 구세군에 속해 있던 소수 목회자의 자각이 있었고, 그것이 미국 그리스도의교회 환원운동과 연결되면서 한국그리스도의교회가 본격화되었다고 밝힌다. '한국그리스도의교회'는 일제 말기에 집단적으로 신사 참배하는 것을 가까스로 면하고, 해방 이듬해에 이때야말로 기독교 신앙의 순수성과 일치를 주장할 수 있는 절호의 기회라고 생각하여 1946년 8월 「기독(基督)의 교회 합동 선언문」을 다음과 같이 발표했다고 한다.

> 우리 기독의 교회는 신약 시대에 그리스도께서 창립하신 교회로 돌아와서 각각 분열된 기독교에서 신약 시대의 기독의 교회로 같이 돌아오도록 주 예수 그리스도의 성지(聖旨)를 순응하여 합동 통일 운동을 선언하노라. 신자는 말씀에 비추어 각각 교파에 속한 자가 아니요 오직 그리스도에게 속한 자들인데 각각 속한 단체의 헌법 규칙을 존

중시하고 분열됨으로 다투고 있으니 성 바울이 기록한 성경 말씀에 위반되는 것은 구구한 설명을 요하지 않는다. … 다시 조선 교회의 실정을 살펴보면 우리 조선 각 교파가 악마 왜정 시대에 '일본 기독교 조선교단'(日本 基督教 朝鮮教團)이라는 명칭으로 합동 통일한 사실이 있었다. 그러면 악마에게 굴복하여 신사 참배의 합동 통일은 하면서도 주님 말씀인 성경의 교훈대로 각 교파 신도의 통일을 부인할 수 있을까? 만일 부인한다면 성경 말씀인 주님의 성지를 반역하는 일이다. 삼가 조심하라. 그런즉 합동 통일함에는 어떠한 방법으로 할 것이 아니라 신약 시대의 교회로 돌아가자. 신약 시대의 교회를 찾으면 신약성경에서 찾자.[2]

여기서 분명히 서술된 대로 어떻게 이제 막 식민지 처지에서 벗어난 변방의 한 미약한 나라 교회가 복음을 전해 받은 지도 얼마 안 되는 어려운 상황에서 기독교 교회의 2천여 년 역사를 모두 뒤로 돌리는 전복적 일을 생각하게 되었을까? 어떻게 그들은 기독교 초대교회의 '원형'을 회복해야 한다고 주장하게 되었으며, 신약성서의 그리스도의 교회가 가르쳐준 대로 다시 그 본래적 하나 됨과 교회 일치를 이루어야 한다고 호소하게 되었을까? 이같은 일은 오늘 한국 개신교가 오랜 분열과 갈등을 뒤로 하고 다시 여러 형태의 에큐메니즘을 말하는 시점에서도 어려운 일이고, 특히 2017년 종교개혁 500주년을 맞이하는 해에

---

[2] 같은 책, 346.

이제 한국과 한국교회가 크게 성장하여 더는 서구 교회나 교파, 교단 등에 좌우되지 않고 개별적으로 개체 교회의 존재 가능성이 훨씬 커진 상황에서도 힘든 일인데, 아버지 이신은 이 일을 이루는 데 온 힘을 쏟으면서 자신의 믿음의 일을 수행해 나갔다.

그렇다면 '믿음'(信)을 가진다는 것은 무엇을 말하는 것일까? 그것은 신약성서 히브리서의 유명한 언명인 "믿음은 바라는 것들의 실상이요, 보지 못하는 것들의 증거"(히 11:1)가 지시하는 대로, 몸은 현재에 있으면서 과거의 어떤 '선험'이나 '원형'에 대한 뚜렷한 의식을 가지고 있는 것이거나, 아니면 지금 뚜렷이 보이지는 않지만 앞으로 미래에 이루어질 어떤 일에 대한 확고한 상(像)을 가지고 있어서 그 일의 성취를 위해서 애쓰는 것을 말하는 것이리라. 그렇게 믿음은 지금, 여기에 있으면서 과거와 미래, '이미 있음'과 '아직 아니'의 공간을 통합하고, 아니 그보다 그 시공간 자체를 창조하는 일인지도 모른다. 그래서 인류 동서의 많은 성찰적 지성은 이 믿음이야말로 진정 인간 고유의 일이고, 마치 '언어'(言)처럼 인간에게 고유하게 '선험적'으로 놓인 어떤 "선험성"을 말하고 있는지 모르겠다. 더욱 종교적으로 말해 보면 인간 존재의 "신적 속성"을 지시하는 것이라는 의미이겠다.[3] 그래서 이 믿음을 가리키는 동아시아의 언어인 '신'(信)도 '인간'(人)과 '언어'(言)의 합성어로 이루어진 것이라고 생각한다.

---

3 막스 피카르트/배수아 옮김, 『인간과 말』(봄날의 책, 2013), 17.

그러나 이 믿음의 일은 여느 보통의 인간사와는 달리 현재를 떠나는 일이기 때문에 주로 현재에 몰두하는 보통 사람들로부터는 환영받지 못한다. 오히려 배척 당하고, 미움받으며, 몰이해와 배타 속에서 소외를 겪는다. 아버지 이신은 인간 삶에서 참으로 소중한 일이 믿음을 지니는 일이고, 그것이 인간 삶에서 그렇게 근본적인 일("그루터기")이기 때문에 거기서의 자유, "신앙적 주체성"을 찾는 것이야말로 참으로 긴요한 일이라고 보았다. 그래서 그는 그 일을 위해서 많은 고통을 겪었고, 고독하고 빈한한 삶을 살았다. 그의 딸로 태어나서 어른이 되고 보니, 특히 오늘날과 같이 외부적으로 드러나는 종교 생활의 유무와 상관없이 거의 모든 사람이 실질적인 유물론자가 되어서 살아가는 초자본주의 시대에 살다 보니, 사람들이 그 드러나는 것 이전 또는 너머에 있는 것을 위해서, 아직 그 의미가 분명하지 않고 잘 보이지 않는 어떤 '뜻'을 위해서 산다는 것이 얼마나 어려운 일인지 실감한다. 오늘의 물질주의와 자본주의 시대에는 그러한 믿음의 일을 위해서 아무리 작은 것이라도 자신에게 돌아올 물질적 이득과 소득을 포기하는 일이 얼마나 힘든지를 더욱 알기 때문에, 아버지의 삶을 반추해 보면서 나는 그러한 믿음을 거의 배우지 못한 것이 아닌가 하는 생각도 든다.

생전에 이신이 많이 좋아하셨고, 그래서 그 주저 두 권을 번역하기까지 한 러시아 사상가 N. 베르댜예프(Berdyaev, 1874~1948)에 따르면 오늘 우리 시대는 온통 부르주아지의 노예성에 사로잡혀 있다. 그것은 '돈'과 '자아'에의 노예성인데, 여기서 인간은 세상에 깊이 뿌리를 박고 스스로 서 있는 이 세상에 만족한다. 부르주아는 세계의 허영과 허무함에 대해서는 무감각하며 경제적 발전의 무한을 인정하고 추구하지만, 그러나 그것은 그가 인식할 수 있는 한도 내에서의 무한일 따름이라고 일갈한다.4 아버지 이신은 이러한 부르주아 사회의 깊이 없음과 불신, 자아에의 집중을 비판하면서 다시 인간 존재의 선험성과 초월성을 강조하며 그 세계에 대한 확고한 믿음으로 많은 어려움을 겪어내셨다.

그런 아버지의 삶을 반추하면서 나는 그가 어떻게 그러한 믿음에 이르게 되었을까를 묻는다. 인간 의식의 고양을 한껏 추구했던 20세기의 인지학자(人智學者) 루돌프 슈타이너(R. Steiner, 1861-1925)는 "어떻게 하면 더 높은 인식의 세계에 도달할 수 있을까?"라는 질문을 던지며, 그러나 어린 시절에 너무 일찌감치 추상적이고 이론적인 공부에 내몰린 아이는 어른이 되어서 오히려 더 물질에 집착하고, 믿음과 상상력이 떨어지고, 빈약하고 이기적인 사람이 된다고 지적하였다. 몸과 선한 의지로 세상에 튼실하게 발을 딛고 서기 전에 서둘러서 추상의 세계로 내몰렸기 때문이라는 것이다. 그렇다면 온갖 현실적인 어려움에도 불구하고 그렇게 믿음으로 사셨던 아버지 이신은 어린 시절, 특히 그의 어머니로부터 몸과 마음과 감정을 잘 배려받았기 때문에 그 일이 가능해졌는가? 사실 내가 알고 있는 이야기는 아주 조금뿐이지만, 우리 할

---

4 니콜라스 A. 베르댜예프/이신 옮김, 『노예냐 자유냐』 (늘봄, 2015), 244. 이 책은 이신이 돌아가시기 2년 전인 1979년 가을에 번역 출간되었다가 필자가 수정·보완하여 2015년에 재간되었다.

머니는 할아버지의 첫 부인이 낳은 아이들이 모두 죽자 속아서 할아버지와 결혼하게 되면서 매우 힘든 삶을 사셨고, 그런 가운데서도 4남매의 양육을 위해 혼신을 다하시다가 6.25전쟁 와중에 납치되셨다고 한다. 그 속에서 첫 자손으로 태어나신 아버지가 성인이 되어 믿음의 전회를 감행했던 일들은 국가적으로나 개인적으로 매우 어려운 시기에 이루어진 것들이었다. 그래서 나는 더욱 이러한 질문을 하면서, 이것은 어쩌면 앞에서 언급한 인간 '언어'에 대한 이야기와 마찬가지로 '믿음'이라는 것도 나라는 주체의 능동성보다는 먼저 내가 누군가에 의해 믿어지는 선험성과 수동성이 있는 것이며, 그래서 이 수동적이면서도 능동적이고, 불리어졌으면서도 자유로운 두 가지 속성, "서로 반대되는 두 성질의 통일성"이기 때문에 믿음의 "신적 속성"이 말해지는 것이 아닌가 생각한다.

> 믿음은 우리에게 앞서 주어진 것이다. 우리는 스스로 믿음을 갖기 이전부터 이미 믿음의 대상이었다. 인간은 자신이 대상이 되었던 그 믿음을 통해서 어떤 대상을 믿을 수 있다.[5]

> 인간은 자기 스스로의 의지가 아니라 앞서 주어진 자유로 인해 자유로운 존재다.[6]

---

5 막스 피카르트, 『인간과 말』, 33.
6 같은 책, 100.

아버지 이신은 이 믿음으로 해방 직후 극심한 혼란기에 직장을 그만두고 신학을 택했고, 6.25전쟁의 와중에 어머니를 잃고 가족이 흩어지는 경험 속에서 가난한 그리스도의교회로 들어갔으며, 그 교회에서도 외국 선교사들과의 성서 해석, 성령 이해의 차이로 그나마 안정된 자리를 떠나야 했다. 40대의 늦은 나이에 어린 자식들과 부인을 두고 미국 유학 길에 올랐고, 돌아와서도 여전히 안정과 안위 대신 산동네 무허가촌의 궁핍한 삶에 머물렀으며, 나중에는 그 거처도 유지할 수 없게 되어 지방 산골로 내려가셨다. 그는 당시 미국 유학까지 한 박사였지만, 주변에는 항상 가난한 사람과 학벌이 높지 않은 변방의 목회자들뿐이었다. 심지어 병이 들어 위급한 상황이 되었을 때도 병원 대신 기도원에 들어가 좁고 허름한 방에서 돌아가셨다. 그러면서도 그는 '천은'(天恩)을 말하며 가족들에게 잘 지낼 것을 당부하고 기쁜 모습으로 가셨다. 어디에서 그런 믿음을 지속하는 힘이 나왔으며, 어디에 근거해서 그런 어려운 가운데도 글을 읽고 쓰고, 선포하고, 시를 짓고, 그림 그리기를 그만두지 않으면서 또 학생과 동료들을 모아 세상의 달라짐과 교회의 변화를 위해서 끊임없이 가르치고 개혁하려는 삶을 사실 수 있었을까? 이 모순된 상황이야말로 그의 믿음이 단순히 그 자신의 의지가 아니라 '신의 의지'이고 '신적 기원'을 가진다는 것을 말해주는 것이 아닐까? 비록 오늘날의 우리는 이 기원을 갖는 것을 별로 좋아하지 않고, 앞서 주어진 것에 대해 잘 의식하지 못하면서 모든 것을 자아의 주관으로 돌리고, 그래서 신(神)도 전통과 권위도 귀하게 여기지 않지만, 그래서 이 믿음은 하나의 기적(a miracle)처럼 보인다. 마치 한나 아렌트가 인간 삶을 어쩔 수 없이 "조건 지어진 존재"(the human condition)로 보지만 그 삶의 활동 중 인간에게 가장 고유한 것은 "행위"(action)라고 하면서, 그 행위는 "결과의 예측 불가능성"과 "과정의 환원 불가능성" 그리고 "작자의 익명성"이라는 불행한 요소를 가짐에도 불구하고 인간 역사를 가득 채우는 "기적"이라고 본 것과 유사해 보인다.7

III. 믿음의 '고독'(性)에 대하여

믿음의 행위는 결과를 예측하기 어렵고, 과정을 다시 뒤로 돌릴 수 없으며, 눈에 잘 보이지 않는 과거나 미래와 관계하는 일이므로 현실에서 많은 장애와 어려움을 만난다. 그것은 시간과 시대를 거스르기 때문에 그러하다. 그런 믿음의 삶에서 '가족'은 어떤 의미일까? 믿음을 사는 삶의 또 다른 근거일까, 아니면 한없는 장애와 걸림돌일까? 우선 믿음의 사람에게도 가족은 자신의 길을 가는 데 가장 가까이에서 위로를 주고 이해와 힘을 주는 지지대와 기반으로 여겨질 수 있다. 그래서 바로 그 가족으로부터 외면당하고, 이해를 얻지 못하고, 비난받는다면 그

---

7 한나 아렌트/이진우·태정호 옮김, 『인간의 조건』(한길사, 2001), 284; 한나 아렌트/서유경 옮김, 『과거와 미래 사이』(한길사, 2023).

실망과 좌절은 매우 클 것이다. 아버지 이신의 경우도 그러했을 수 있다. 그는 신학대학을 가기 위해서 자신의 아버지와 심한 갈등을 겪어야 했고, 공부를 시작하기 전에 부모님을 통해서 혼인하게 된 아내와 자신의 생각을 깊이 나눌 수 없다고 여겼던 것 같다. 두 분은 자주 다투셨다. 사실 아버지 이신은 부인뿐 아니라 자식들에게도 찬찬히 자신의 길을 설명하고 그들의 의견을 듣고 이끄는 분이 아니었다. 그 동생들과 자식들의 삶에서 결정적인 역할을 했고 중요한 선택들을 주도하셨지만, 갈등이 있었고 반목도 있었다. 그런데 내가 어른이 되어서 가족을 꾸리고 나름의 뜻을 붙들고 살려다 보니 아버지 이신의 고통과 좌절이 어떠했을지 보다 잘 상상이 간다. 믿는 자가 겪는 어려움 중 가까운 가족들로부터 받는 괴로움이 제일 컸을 것이라고 상상해 본다면, 믿는 자는 참으로 '고독'한 자이고, 그런 면에서 고독을 가장 친한 친구로 받아들일 수 있어야 할 것 같다. 가족은 사실 믿는 자로 하여금 가장 강하게 현재에 함께할 것을 요구하고 일상을 청하는 존재이므로, 그 충돌을 잘 예상할 수 있다.

이신은 1970년대에 저술한 신학 논문 "고독과 저항의 신학 ― 키에르케고르와 본회퍼 신학의 비교 연구"에서 키에르케고르를 초월자 앞에서의 열정과 믿음의 삶을 위해서 "세상의 그 어떤 고독과도 비교할 수 없는 고뇌가 따르는" 삶을 산 자로 소개한다.[8] 많이 회자되듯이 키에르케고르는 어느 날 인지하게 된 자신 가계(아버지) 내의 "죄"에 대한 첨예

---

8 이신,『슐리얼리즘과 영(靈)의 신학』, 193.

한 의식으로 깊이 사랑하던 약혼자와의 결혼도 포기하고, 자신의 이름을 숨기면서 철저한 고독 속에서 신앙의 의미와 기독자의 믿음이 무엇인가를 밝혀내는 일에 몰두했다. 믿음을 지니고 산다는 것은 과거와 미래를 여기 지금에 가져와서 그 의미성을 현재적으로 살아내는 일이기 때문에, 이 신앙의 "동시성"으로 인해서 대중적 합리성에 균열을 일으키고 스캔들을 일으킨다. 이신은 두 사상가를 특히 이러한 신앙의 '동시성'이라는 개념으로 풀어냈다. 기독교 신앙은 마치 예수와 동시대에 사는 것처럼 그를 믿고, 그에 대한 믿음을 우리 시대에 각자의 신앙으로 재현하는 일이며, 그러기 위해서 지독한 고독과 고통도 참아내야 하는 일이라고 키에르케고르는 보았다. 그런 의미에서 신앙이란 그저 값싼 은총이 아니라 아주 값진 것이며 "영원한 심각성"을 지니는 일이라고 본 것이다.

> 기독교는 영적인 것이다. 영적이란 내면성이요, 내면성은 주체적인 것이요, 주체적인 것이란 근본적으로 열정적인 것이다. 그 최고 정점은 영원한 행복 속에 있는 무한한 인격적인 열정적 관심 그것이다.[9]

이렇게 키에르케고르는 신앙을 위한 고독을 기독교의 정수로 이야기했지만, 오늘날 이 고독을 따르려는 사람은 거의 없다. 오히려 어떻게

---

9 Soeren Kierkegaard, *Concluding Unscientific Postscript* (Princeton: Princeton University Press, 1968), 33; 이신, 『슐리얼리즘과 영(靈)의 신학』, 190 재인용.

든 거기서부터 벗어나려 하며, 고독은 질병과 약함으로, 유대와 친밀과 속함은 선과 강함으로 찬양받는다. 하지만 오늘날 전통적 의미에서의 생물학적 가족 삶마저 심하게 흔들리고 있고, 또 유기체와 비유기체(로봇)의 구분도 점점 모호해지면서 이제 우리는 인간적인 고유함을 어디에서 찾을 수 있겠는가의 물음 앞에 더욱 적나라하게 노출되고 있다. 그렇다면 오히려 고독과 단독자로서의 삶을 새롭게 의미화해서 또 다른 차원의 생명적 삶을 탄생시키는 계기로 삼을 수 있지 않을까 생각한다. 즉, 오늘날 참된 믿음이 매우 드물고, 그래서 무엇이든 지속하고 약속하는 힘이 실종된 상황에서, 고독으로 단련되어 '몰두'할 수 있고 '익명'(anonymity)을 견뎌낼 수 있는 더 높은 차원의 해방된 정신과 영적 자유의 정신으로의 고양을 말하는 것이다. 오늘 우리의 삶이 고독을 피할 수 없는 상황으로 들어섰다면, 아니 그 고독이야말로 우리 정신의 더 높은 고양(신앙의 동시성)을 위해서 긴요하기까지 하다면, 키에르케고르나 이신의 믿음을 위한 고독의 메시지를 우리가 다시 경청할 필요가 있다는 것이다. 우리 시대가 그들로부터 고독을 더 이상 두려워하거나 무서워할 필요가 없는, 오히려 반대로 정신의 참된 자유와 영적 성장을 위해서 받아들여야 하는 가르침으로 삼는 것을 말한다.

이러한 믿는 자의 고독에 대한 이야기는 '죽음'과 '영생'에 대한 이야기와 긴밀히 연결되어 있다. 이신은 1980년 6월부터 1981년 12월 죽음의 시간까지 순복음신학교를 통해서 관계 맺게 된 순복음교회 청년 선교지 「카리스마」에 "카리스마적 신학"이라는 독특한 글을 연재하였다. 오랫동안 생각해 왔고 마침 본격적으로 드러내고자 했지만, 겨우 시작만 했을 뿐 충분히 펼치지 못했던 새로운 조직신학으로서의 "영(靈)의 신학", "초현실주의 신학"에서 그는 삶과 죽음을 논한다. 이에 따르면 사실 사람은 "생리적으로, 종족적으로, 혈통적으로"는 오히려 죽지 않고 영속적으로 목숨을 이어가는 것이라고 한다. 왜냐하면 생물학의 유전법칙에 의해서 그의 유전인자는 계속적으로 자손이나 종족 등을 통해 이어지기 때문이다. 하지만 인간으로서 참 죽음이란 바로 그의 "인격"이 죽는 것인데, 그에 따르면 사람은 인격적인 존재로서, "생리적인 법칙으로 말할 수 없는 것이어서 이것은 유전적으로 부모에게서 물려받는 것이 아니요 그 근원이 이 세상에 있는 것이 아니라 이것은 순전히 정신적인 영역이요 자유의 영역으로서, 말하자면 영원한 곳에서 날아 들어옴이요 그 인간이 갖는 독특성이요 유일회적인 것"이라고 서술한다.[10]

    이신은 인류 문명의 과학적 성과를 그대로 받아들이면서, 그러나 그것이 다가 아니라 과학으로 아직 들추어내지 못한 '인격'과 '영'과 '초현실'의 차원이 있기 때문에 우리의 죽음 이해도 달라져야 한다고 강조한다. 생물학적인 죽음은 이제 생리적으로 허구이기 때문에 염려할 필요가 없고, 오히려 인간에게 있어서 진정한 죽음인 인격의 죽음에 관심해야 하는 시대가 왔음을 밝히는 것이라고 하겠다. 그의 믿음에

---

10 이신,『슐리얼리즘과 영(靈)의 신학』, 306.

대한 강조와 고독을 받아들이는 입장, 인격의 죽음을 말하는 모든 이야기가 오늘 '인공지능'(AI)과 '초인간'(transhuman)을 말하는 시대에 더욱 의미 있게 전달될 수 있다는 것을 여기서 말하지 않을 수 없다.

그래서 '사람이 죽는다'는 것은 돋아나고 또 자라는 생리적인 것의 죽음이 아니라—어차피 이런 생리적인 것은 죽지 아니하는 것이고—그러한 인격의 무한한 가능성의 요소의 멸절(滅絶)이요 알기 쉽게는 역사적 시간적으로는 그 영원한 씨(種子)가 한 번도 싹터보지 못하고 무서운 혹한 때문에 고사(枯死)하는 것이요 생존경쟁의 싸움터에 한 번도 써보지 못한 무한한 위력을 가진 불발탄인 것인데 사실은 누구나 다 이런 인격의 영원성을 갖고 있는데도 생존경쟁의 하찮은 이런 일 저런 일 때문에 한 번도 써보지 못하고 아깝게 사장(死藏)되어버리는 것이요 또 이어가는 이 역사의 휘몰아치는 추위 때문에 한 번도 인격의 아름다운 싹을 틔워보지 못한 채 시들어버리고 마는 것이다.[11]

앞서 언급한 아렌트도 오늘날 사람들이 '영원성'(eternity)에 대한 관심을 모두 잃어버리고 너나없이 모두가 자신의 생물학적 생명(immortality)에만 관심하는 노동자가 되어버렸다고 비판하였다.[12] 또한 이와 유사한 근대 부르주아 인간에 대한 날카로운 비판을 베르댜예프에게서 확실하

---

11 같은 책, 309.
12 한나 아렌트, 『인간의 조건』.

게 들을 수 있다. 그에 따르면 부르주아는 자기를 초월하는 것을 좋아하지 않는 존재다. 왜냐하면 초월은 그가 지상에 정착하려는 것을 방해하기 때문이며, 그래서 그에게서의 신앙과 종교는 "항상 유한한 종교이며, 유한에 연결되어" 있다는 것이다. 그런 의미에서 "그에게 종교의 질은 그것이 이 세상의 조직에 헌신하는 봉사, 이 세상에서 그의 지위의 보존에 대한 봉사에 의해서 측정된다."[13] 베르댜예프는 이러한 부르주아 인간의 문제는 단순히 사회구조의 문제가 아니라 "영혼 구조의 문제"라는 것을 강조하는데, 그에 의하면 "부르주아는 피안적 세계의 존재를 심각하게 생각하지 않"고 "종말과 최후의 심판에 대해서 아무런 감각도 없다. 그들은 종말과는 인연이 없는 무리"이기 때문이라고 비판한다.[14]

그런데 사실 우리는 이미 서구 역사의 플라톤에게서 매우 유사한 관점의 이야기를 들었다. 그가 '이상 국가'를 세우기 위해서 넘어야 하는 세 가지 파도 중 하나를 "처자 공유"를 통한 생물학적 가족주의를 넘어서는 일이라고 지적했다면, 베르댜예프나 아버지 이신의 삶과 죽음, 인격에 대한 이야기도 이와 유사한 흐름 속에 놓인 것으로 볼 수 있지 않을까 생각한다. 이신은 사람이 생리적으로 사는 것은 "다만 생식하고 번식하는 것으로 이어가는 삶"이라고 했는데, 베르댜예프는 그

---

13 니콜라스 A. 베르댜예프, 『노예냐 자유냐』, 252.
14 같은 책, 252.

의 『인간의 운명』에서 이와 유사하게 '속'(屬, genus)을 통한 생명의 연속은 "임신을 통해 계속되는 삶을 알 뿐 영원한 삶에 대해서는 아무것도 모르는" "일종의 성적(性的) 범신론"이라고 비판했다.15 여기에 대해 베르댜예프는 "인격"(personality)이라는 개념을 한없이 고양시켜서, 바로 그렇게 생리적으로 계속되는 세계의 삶에 대해서 인격은 "침노"해오며 "돌입"해 와서 그 세계를 "정복"하고 "초극"하는 또 다른 "우주"라고 지시했다. 그래서 그 인격이란 "우주의 일부가 아니고 오히려 우주가 인격의 일부이며 그 질"이고, "인격은 예외이지 법칙이 아니다"라고 선포한다.16

나는 이 이야기들에서 모든 그러함에도 불구하고 서구적 남성 가치 위주의 형이상학적 이원론의 흔적을 본다. 물론 베르댜예프도 분명히 밝히기를 자신의 인격주의는 헤겔의 일원론보다는 칸트의 이원론에 가깝다고 했다. 그러면서 19세기 이후의 서구 생철학이 세계 이해에 나름으로 기여했지만, 그것은 "우주적이며 사회적인 과정 속에 인격을 해소시킨다"고 비판하며 오히려 자신의 인격주의는 그에 비해서 그 안에 "모순과 역설"을 담지한 "종말론적 전망"이고 "신비"라고 주장한다.17 그는 분명한 어조로 "신적-인간성의 이 신비를 동일철학, 일원론, 내재론의 빛 아래서 이해하는 것은 절대로 불가능하다"라고 하며, "신-인성

---

15 N. 베르댜에프/이신 옮김, 『인간의 운명』 (현대사상총서, 1984), 322.
16 니콜라스 A. 베르댜예프, 『노예냐 자유냐』, 28-30.
17 같은 책, 8-12, 44.

(God-humanity)에 관한 진리는 교의적 신조나 신학적 교리도 아니며 경험적 진리, 곧 정신적 체험의 표현이다"라고 언명한다.18 이렇게 베르댜예프나 이신이 강조하는 믿음의 종말론적 성격과 인격적 신비의 의미를 나 또한 어느 정도 동의하는 바이며, 특히 오늘날은 온갖 과학주의의 비등으로 정신이 철저히 객체화와 기계화의 위험 앞에 노출되어 있는 것을 안다. 그럼에도 불구하고 그 인격과 정신은 지금 이곳의 몸의 현실이 없으면 힘없는 또는 잔인한 관념일 뿐이며, 우리가 지금 논하는 믿음도 잘 불러오지 못한다는 것을 그의 딸로서 그리고 동아시아의 여성과 엄마로서 경험해 왔기 때문에 순전히 그저 동의하기는 어렵다.19 아니, 어쩌면 아버지 자신도 이러한 인격과 자유와 자기 초월에의 한없는 비상과 가치 매김에도 불구하고 여기 이곳의 현재로부터 더 온전히 벗어나지 못해 무척 괴로워하셨는지도 모른다. 그는 유학 시절에 고국에 남기고 간 병든 딸이 죽자 <딸 "은혜"(恩惠) 상(像)>이라는 시를 지으며 고통스러워했고, 그 이전에 한국전쟁 이후 돌아가신 부모님을 대신해서 동생들을 돌보았으며, 가족들의 생계와 네 자녀의 교육을 위해서 죽을 때까지 몸으로 고생하며 가족적 삶을 지켰다. 그 덕분에 우리는 대학 교육을 받을 수 있었고, 나도 그처럼 신학자가 되어 그의 생각을 밝히고 이어가는 일을 고민하는 사람이 되었다.

---

18 같은 책, 58-59.
19 이은선, "한국 페미니스트 그리스도론과 오늘의 기독교," 『한국 생물(生物) 여성영성의 신학』(도서출판 모시는사람들, 2011), 97 이하.

그는 오늘 우리 시대에 눈에 보이는 것에 몰두하고, '믿는다'는 것이 아주 드물어지고, 어떻게든 고통과 아픔은 피하려 하고, 그래서 '죽음'은 더욱 외면당하고 억눌려지는 상황에서 진정으로 죽는다는 것이 무엇인지, '영생'과 '부활'이 무엇을 말하는지에 대해서 다시 관심을 촉구하고 대면하도록 초대한다. 이신은 인격성의 핵심인 자유가 "고난을 감내하고 고통을 견디는 능력"이며 "고뇌에 대한 능력이 없으면 인격이란 있을 수 없다"는 말을 자신의 삶으로 전한다. 그의 믿음의 고독은 <출발>이라는 다음의 시에서도 잘 드러나는데, 나로서는 그것을 감당하기가 너무 힘들다.

출발

운명을 전당잡고
풍진을 긁어모아 새로운 조형을
마련하려고 적막한 공지(空地)를 향해 출발하나
지평이 너무 낮고
하늘이 묵념만 반복하니
행려자의 가슴은
더욱 심연의 주변만 맴돈다.

길이 아무리 멀어도
자연이 전설을 고수하는 한

초속(超速)의 물체가
시간을 침식하는 논리는
심야의 기적 소리마냥
요란스럽게 굴러가고
증명이 불가능한
이 시대의 예언이
과학의 고독 때문에
오히려 찰나적 충동 속에서
질풍처럼 전달된다.

사색이 어떤 지점으로 고양되면
불투명한 풍토가
비극의 대안(對岸)을 환상적 토질로
변모케 하고
시대적 풍조 때문에
권력을 세낸 무리들이
몽롱한 달그림자 속에서
새로운 투쟁을 계획한다.

이때 그렇게 오랫동안
기도하는
새 풍토에의 출발이

마지막 기적 소리 때문에 결단을 내리고
정오의 태양을 쪼이며
빈손마저 뿌리치고
홀로 떠난다.
그러면 가로수의 그늘이
명상의 은거지를 마련한다.
(1968/8/8)[20]

IV. 믿음의 '저항'(誠)에 대하여

앞에서 들었던 키에르케고르와 본회퍼에 대한 비교 연구에서 아버지 이신은 키에르케고르는 인간을 주로 개체적인 차원에서 철저히 영원 앞에서 선 '단독자'로서 그렸던 반면, 본회퍼는 그와 달리 인간을 하나님 앞에 있는 다른 인간과의 관계 안에서의 '사회성' 차원에서 보았다고 지적하였다. 그러면서 이 차이란 어느 누가 옳고 그르다고 말할 수 없고, 각자가 자신의 시대가 요구하는 신앙적 주체성과 창조성을 나름대로 역동적으로 표현한 것이었다고 밝힌다.[21] 해방 후 한국 정치·사회의 격동의 시간들과 더불어 살펴보았을 때 아버지 이신의 삶

---

20 이신/이경 엮음, 『李信 詩集 돌의 소리』 (동연, 2012), 33-34.
21 이신, 『슐리얼리즘과 영(靈)의 신학』, 196.

과 사고는 우선적으로 키에르케고르의 그것과 더 잘 상관된다고 하겠다. 하지만 나는 이신의 그것이 또 다른 의미에서의 깊은 정치성과 사회성을 가진다고 본다. 왜냐하면 그의 믿음의 고독은 바로 '교회', 그것도 당시 대부분은 그에 대한 의식을 별로 가지고 있지 않던 '한국적' 교회를 위한 것이었고, 그 운동을 통해서 한국인의 손으로 기독교회의 본래적 순수성과 역동성을 회복하려는 '한국그리스도의교회' 운동이었기 때문이다. 당시 막 식민지의 처지에서 벗어나서 전대미문의 동족상잔을 겪고 난 한국교회가 어떻게 그러한 "신앙적 주체성"을 말하고, 복음을 우리에게 전해준 서양 교회도 벗어나지 못하는 뿌리 깊은 교파와 교권의 갈등을 변방의 한 미약한 나라의 교회로서 극복하겠다고 하였을까 의아하게 생각하지 않을 수 없다. 그래서 사람들은 거의 주목하지 않았지만, 그는 거기에 온 믿음을 걸었다. 그에게 있어서 믿음이란 지극한 "동시성"(contemporaneity)이었고, "역동성"(dynamism)이었으며, 그리스도 신앙의 주(主)인 그리스도와의 직접적이고 내면적인 만남을 통한 주체성의 일이었기 때문이다. 그래서 그는 그것을 저해하는 장애들에 맞서기를 원했고, 그 운동을 한국그리스도의교회를 세우는 일로 보았으며, 그리스도 당시의 초대교회로의 환원운동으로 삼았다. 그런 의미에서 '저항'은 그의 삶과 신학의 또 다른 기표였다.[22]

---

[22] 이은선, "목사의 생애와 신학사상" (1992), 머리말 "고독과 저항의 신학자 이신"; 이신, 『슐리얼리즘과 영(靈)의 신학』, 28.

나는 이미 어린 시절부터 그의 이러한 저항의 길이 무엇을 의미하는지를 어렴풋이 느꼈다. 그가 미국에 유학하던 시절 우리 가족은 명륜동 산꼭대기의 무허가촌에서 살고 있었는데, 아버지가 안 계신 상황에서 언니와 나는 집에서 비교적 가까웠던 혜화동의 혜성교회나 명륜동의 명륜동중앙교회로 주일학교를 다녔다. 어려서 교단이나 교파의 차이는 잘 몰랐지만 우리 집에서는 그러한 교회들을 "교파 교회"라고 불렀고, 그곳에 다니기는 했지만 진짜 우리 교회는 아니라는 생각에 그렇게 소속감을 느끼지 못했다. 하지만 그 교회들은 어린 내가 보기에도 우리 집이 속한 교회보다도 훨씬 더 화려하고 부해 보였기 때문에 거기서 나는 소외감과 주변인으로서 박탈감을 느꼈다. 아버지가 돌아오시고 중고등학교에 들어갔을 때 가정형편을 조사하는 통신란에 아버지가 그리스도의교회 목회자라고 적는 것이 싫었다. 사람들이 '그리스도의교회'라는 것을 잘 몰랐고, 그것은 목회자의 자녀 중에서도 다시 한번 더 외진 변방의 존재임을 밝히는 것이었기 때문이다. 1960년대 미국 밴더빌트대학교(Vandebilt University)에서 같이 학위를 받은 아버지의 동료들(고범서, 박봉배, 서광선 박사 등)은 한국에 돌아와서 유수한 대학에 적을 둘 수 있었지만, 아버지 이신은 그리스도의교회 소속이라는 이유로 그러지 못했으며, 나중에는 한국그리스도의교회나 신학교에서도 시기와 배척으로 어려움을 당하여 변변한 교회나 학교에 소속됨이 없이 집에서 예배드려야만 했다. 그는 군소 신학교를 전전하며 강사 생활을 하면서 자식들을 교육시켰고, 그 가운데서도 틈만 나면 가난한 목회자들과 신학생들을 따로 모아서 가르쳤다.

그러한 신앙적 저항의 모형을 그는 초대교회에서 보았다. 그리고 그 초대교회 신앙의 원형을 신구약 중간기의 '묵시문학'(Apocalyptic) 전통에서 만났다. "묵시문학은 모든 기독교 신학의 모체였다"라고 선언한 에른스트 케제만(Ernst Kaesemann)의 언술로 시작하는 그의 박사학위 논문 "전위 묵시문학 현상: 묵시문학 해석을 위한 현상학적 자료들"(The Phenomenon of Avant-Garde-Apocalyptic: Phenomenological Resources for the Interpretation of Apocalyptic, 1971. 8.)은 "저항문학으로서의 묵시문학" 연구를 통해서 "현대 사회에서 기독교 선언이 수행할 역동적인 역할의 탈환 가능성"을 탐색하려 했다고 밝힌다. 원시 기독교 신학의 배경으로서 유대 묵시문학이 기독교의 발단과 긴밀히 연결되어 있기에 그 연구를 통해서 기독교 선언의 "원초적인 상"(primordial image)을 찾을 수 있다고 본 것이다.[23] 이에 따르면 유대 묵시문학적 의식은 신구약 중간기의 하시드 운동이나 마카비 저항 또는 에세네 운동 등에서 나타난 대로, 특히 헬레니즘이나 바빌로니아 이원론의 영향 아래서 질적으로 전혀 다른 새로운 세상의 도래를 꿈꾸며 종말론적 신적 중재자를 염원하는 "창조적 소수"(creative minority)의 의식이다. 그것은 '한계상황'의 경험이며, 항상 어떤 것을 지향하는 '지향적 경험'(intentional experience)이다. 대표적 유대 묵시문학서인 다니엘서(B.C.

---

[23] 이신, 『슐리얼리즘과 영(靈)의 신학』, 47.

165년), 에녹서(B.C. 164년경 이후), 희년서(B.C. 150년경), 무녀의 신탁서 (B.C. 150년 이후), 쿰란 문서 등에서 나타난 묵시문학적 의식을 이신은 다음과 같이 밝힌다.

> 묵시문학자의 의식은 역사의식과 초월 의식으로 분열된 의식이었다. 역사의식에서 묵시문학자들은 '한계상황'을 경험했다. '한계상황'에 이른다는 것은 이 저자들이 궁극적 위기를 체험하는 것은 물론이요 근원으로 향하는 만물의 운동을 체험하는 것을 의미한다. 이것은 전통을 따름이 아니라 그 전통에 대해서 강력하게 저항하는 행위이다. 그래서 그들은 전통을 재해석하고 그 근원을 추적하기 원한다.24

이신이 이 논문을 쓴 지 반세기가 되어 가는 오늘날, 국내외적으로 묵시문학에 대한 연구와 유대교에 대한 탐구는 훨씬 더 전개되었다. 그래서 이러한 저항문학과 유대 공동체의 신관과 메시아 의식이 기독교 신앙의 형성과 그 원래 형상의 구성에 얼마나 큰 영향을 끼쳤는지 드러나고 있지만, 사실 이신이 논문을 쓸 때만 해도 사정은 그렇지 못했다.25 이후 더욱 활발해진 영미권에서의 역사적 예수 연구는 신구약 중간기에 대한 이해를 크게 신장시켰고, 특히 여성신학자 로즈메리 류

---

24 같은 책, 101.
25 김판임, 『쿰란공동체와 초기그리스도교』 (바블리카아카데미, 2008).

터의 『신앙과 형제 살인 ― 반유대주의의 신학적 뿌리』는 나에게 깊은 인상을 주었다. 그녀는 이 책에서 기독교의 반유대주의적 뿌리가 어떻게 이미 신약성서 자체로부터 시작되었으며, 이후 교부 시대를 거쳐 기독교의 전 역사를 관통하면서 20세기의 홀로코스트까지 지속되었는가를 일목요연하게 밝힌다. 서구 문명에서 홀로코스트의 등장은 바로 그 오랜 역사의 논리적 귀결로서, 그것은 "복음을 빙자해서" 그리고 그 복음을 다시 "이데올로기적 보편주의"와 "에큐메니칼 제국"의 보편종교로 만든 결과라고 세차게 비판한다.26 그녀는 기독교 신앙이 본래의 태생과 출생의 토대를 억압하고 잃어버리고서 스스로 거대한 제국주의적 종교로 전락하여 행해온 악을 인식하고, 그것이 언제든지 다시 반복될 수 있음을 볼 때, 기독교 신앙과 반유대주의의 진면목을 진지하게 대면시키는 일이 매우 긴요함을 강조한다. 거기에는 몇 가지 치명적인 왜곡된 이원론과 분리가 있다고 하는데, 이 왜곡되고 아전인수식으로 도용된 분리와 대립이 지금까지 "기독교의 신학적 성숙을 지연"시킨 주범이라고 한다. 바로 거기에 기독교 정체성의 핵심이 들어 있으며, 그 왜곡이 "기독교적 자아 확인의 한 표현"으로 실행되어 왔기 때문이라고 밝힌다.27

그래서 류터는 반유대교적 이원주의를 극복하는 일을 "기독교의 신

---

26 로즈메리 류터/장춘식 옮김, 『신앙과 형제 살인 ― 반유대주의의 신학적 뿌리』(대한기독교서회, 2001), 326 이하.
27 같은 책, 321.

학 재건을 위한 본질적인 작업"이라고 밝히면서 "심판과 약속의 분리", "특수주의와 보편주의의 분리", "문자와 영의 분리" 그리고 마지막으로 가장 "근본적인 문제"로 모든 기독교적 사고의 중심에 놓여 있는 우상숭배적 "기독론", "종말론적 사건의 역사화"가 있다고 지적한다. 즉, 그녀에 따르면 기독교는 원래 유대 신앙으로부터 배운 예언과 메시아 대망의 가르침을 유대인들에게는 예언의 심판으로, 기독교 교회에는 메시아 소망으로 돌림으로써 예언적 신앙을 "자기 미화와 자기 신성화"의 수단으로 삼아버렸다는 것이다.[28] 또한 기독교는 유대적 하나님 신앙이 고대 제국의 이데올로기적 보편주의에 맞서서 자신들의 특수한 정체성을 인정받기 위한 특수한 투쟁이었다는 것을 잊어버리고, 자신들의 기독교 계시와 교회만을 유일한 보편성으로 주장하면서 보편주의와 특수주의가 상호 배타적인 양자택일이 아니라 다양하게 적용되는 "양면적 관계"였다는 것을 보지 않는다고 지적한다.[29] 여기서 서양 기독교 역사의 특징인 "선교와 제국주의의 결합"이 나왔으며, 오늘날 한국 기독교회가 국내에서뿐 아니라 해외 선교지에서 그와 유사한 일을 하고 있다는 비판을 제기할 수 있겠다.

류터의 이해에 따르면 기독교의 반유대교적 해석은 유대인과 그리스인들이 사용하던 "변증법적 언어"를 모두 역사적인 "이원론"의 언어

---

28 같은 책, 323.
29 같은 책, 330.

로 변환시켰다. 예를 들어 필로가 사용하던 문자와 영의 구분의 언어를 유대교는 모두 '옛 인간'과 '세속적 인간'을 가리키는 문자의 존재로, 그와 대조적으로 기독교는 '새것'이며 '종말론적' 영적 존재로 파악하는 이원론의 언어로 사용하면서, 그러한 비난이 유대교의 지속적인 역사적 정체성이 되게 만들었다고 비판한다. 그러나 이를 통해 결국 기독교 자체 내 '그리스도' 이해에 있어서도 역사적 예수와 몸을 우상 숭배적으로 신격화하는 성육신론과 가현설 사이를 불안정하게 오가는 무능력을 벗어나지 못하도록 했다고 일갈한다. 그것은 "문자와 영의 해결되지 않는 긴장을 알고 있는 생명의 길"이[30] 아니라 또다시 세계의 어느 종교보다도 더 많은 제도와 법규(문자)를 산출하는 교회가 되었거나(가톨릭교회), 지난 세기 나치즘이나 스탈린주의 등에서 드러난 대로 반생명적인 서구 제국주의와 전체주의의 양상으로 표현되었다는 것이다. 이 모두는 기독교의 잘못된 역사주의, "종말론적인 것(영)의 부조리한 역사화(문자)"에 뿌리를 두고 있다고 날카롭게 비판한다.[31]

나는 아버지 이신의 '한국그리스도의교회 환원운동'이 지금까지 살펴본 류터의 "기독교의 반유대교적 신화에 대한 신학적 비평"과 매우 유사한 관점을 공유한다고 생각한다. 둘 다 기독교의 원형적 근거를 유대교적 진실 속에서 찾고, 자신들이 대면하는 현존의 기독교 신앙과

---

30 같은 책, 337.
31 같은 책, 344.

신학이 매우 관념적으로 형해화(形骸化)되어 있는 것을 목도하고서 본래의 역동성과 생명력을 회복하기 위해 근원으로 돌아가고자 했다. 물론 이신의 그리스도의교회 운동은 류터처럼 보다 명시적으로 기독교 밖의 타 문화와 이웃 종교를 염두에 두고 있지는 않았다. 그런 의미에서 이신의 기독교 토착화 운동은 보통 우리가 알고 있는 한국 감리교회에서의 토착화 운동과는 결을 달리한다고 할 수 있다. 그래서 그가 한국그리스도의교회를 강조하면서 교파와 교권을 넘어 본래적인 그리스도의교회로 돌아가자고 하고, 다시 신약성서 시대의 '침례'와 '성만찬'을 강조하는 것이, 오히려 세상에 대한 배타적인 기독교 중심주의와 성서적 근본주의로 가려는 것이 아닌가 하는 의구심을 자아낼 수도 있다. 하지만 이신은 기독교 신앙의 원형이 담겨 있다고 보는 유대 묵시문학이 신구약 중간기 근동 지역에서의 "제설혼합주의적" 영지주의와도 상호 연관된다는 것을 그의 박사학위 논문에서 분명히 밝혔다.32 그런 맥락에서 서구 제국주의적 선교사들이 전해준 기독교가 아닌 '한국적' 그리스도의교회를 줄기차게 주장한 것인데, 이는 그의 그리스도 이해나 교회 이해가 류터가 지적한 것과 같은 영과 종말론의 왜곡된 역사화가 아니라 오히려 거대한 이데올로기적 보편에 저항하는 또 하나의 특수와 변방의 용기 있는 항거라고 보아야 함을 밝혀준다고 나는 이해한다.

---

32 같은 책, 63.

그는 예수가 그리스도인 것은 그의 겸비라는 행위로부터 오는 것임을 분명히 언술하였다. 그의 그리스도 이해는 결코 왜곡된 실체주의적 이원론이 아니라 그것을 한없이 뛰어넘어 원래 예수가 보여주었던 믿음의 역동성과 창조성을 회복하려는 것이었다. 그래서 "나사렛의 목수" 예수가 "나는 당신의 종입니다 하는 말을 (그분은) 제일 싫어한다"라고 언표한다. 예수 스스로도 "아무에게도 매인 바 되지 않았"기 때문에 "우리를 노예로 다루지 않"았고, "나는 너희들의 친구"라고 말하며, "나를 믿어 달라"고 하기보다는 "내 속을 좀 알아 달라"고 요청하신다고 지적했다.[33] 나는 이것을 아버지 이신이 믿는 자의 본래적 인격성과 존엄성을 더욱 드러내기 위해서 '믿음'("믿어 달라")도 철회하고 오히려 '앎'("알아 달라")을 요청했다고 해석하고자 한다. '믿음'보다 '앎'을 요청하는 것이 보다 보편적으로 사람들을 넓게 포용할 수 있고, 훨씬 더 인격의 능동성이 함께하는 행위일 수 있으며, 이로써 기독교 신학에서 종종 드러나는 믿음과 행위, 신앙과 이성, 믿음과 율법(지식) 등의 이원론을 잘 벗어날 수 있다고 보기 때문이다. 또한 그가 지향한 '한국적' 신학이 불이적(不二的) 사고의 특징을 그 자신도 잘 의식하지 못하는 사이에 분명히 드러낸 것으로도 보고자 한다. 그는 말하기를, 슐리얼리즘은 1924년 서구의 앙드레 브르통(Andre Breton)이 선언하였지만 사실 그보다 훨

---

[33] 이신, "나사렛의 한 목수상(木手像) ― 새 그리스도로지," 『李信 詩集 돌의 소리』, 65-66.

씬 더 먼 옛날에 동양의 지자들에 의해서 인식된 것이었다고 한다. 그것은 동양적 언어로 "무위불언무형무성"(無爲不言無形無聲)의 가르침이고 "유무상생(有無相生)의 도"라고 표현하면서, 귀한 것에는 동양과 서양을 갈라놓을 필요가 없고 다만 그 참뜻을 바로 깨달으면 되는 것이라고 말한다.[34] 그가 1974년 동역자들과 더불어 선포한 「한국그리스도의교회 선언」에 보면 한국그리스도의교회와 미국 교회의 환원운동의 차이로 두 가지를 드는데, 첫째로 미국 교회가 개체 교회의 독립성만 너무 강조하는 데 반해 한국교회는 개체 교회 간의 공동체성과 유기적 통일성을 보다 강화하려 하고, 둘째로 미국의 환원운동이 초대교회의 의전적 방식을 강조한 나머지 신앙의 내면성을 결한 반면 한국교회는 신앙의 외면적 형식과 더불어 그 내용과 영감적 측면을 함께 통합시키려 한다고 밝힌다.[35] 여기에서도 아버지 이신의 한국적 불이(不二)의 사고가 잘 드러난다고 나는 해석한다.

그는 예수 그리스도를 "죽기까지" 말씀(영원)을 현실(시간)에서 이루려 하고, "죽기까지" 둘로 나누어진 분리와 분열을 하나 되게 하려고 분투한 존재로 그리고 있다. 그의 짧은 단상의 글, "예수님은 죽기까지"를 보면 다음과 같은 구절을 만난다.

---

34 이신, 『슐리얼리즘과 영(靈)의 신학』, 225.
35 같은 책, 358 이하.

죽기까지 아름답게 산다는 것, 죽기까지 정의롭게 산다는 것, 죽기까지 진실되게 산다는 것, 더더군다나 죽기까지 남을 사랑한다는 것 자체가 사실은 죽는 것이 아니요 영원한 삶인 것이요 또 영원한 열매를 맺게 하는 나무인 것이다.36

그에 따르면 묵시록(默示錄)이 참으로 어려운 책 중에서도 더욱 어려운 이유는 "병든 시간" 안에서 "병든 영원"을 치유해 보려는 "부단한 투쟁"의 "패러독스"(paradox)를 엮어 보이는 책이기 때문이다.37 거기서의 투쟁과 저항은 "필사적"(必死的)이고 "필생적"(必生的)인데, 그렇기 때문에 오히려 그것은 "영원한 삶"이고 부활이며, 예수는 "더더군다나 죽기까지 남을 사랑"했기 때문에 그는 우리의 삶을 위해서 믿을 수 있는 "신뢰(성실성)의 그루터기"가 된다고 밝힌다.38 여기서 그는 다시 "인격에는 죽음이란 없다"고 말한다. "사람을 인격적인 주체자로 볼 때 인간은 불사(不死)다"라고 선언한다. "부활은 이 인격적 실존의 영원성을 믿는 신앙에만 확실한 것으로 비로소 부각되어 올라오는 것"이라고 하면서, 이것을 "누구나 할 것 없이 착하게 살아보려는 마음이 있는 법이다"라고도 표현한다.39 이렇게 사람은 팔, 다리 등의 객체적인 존재로 죽는

---

36 이신, "예수님은 죽기까지," 『李信 詩集 돌의 소리』, 162.
37 이신, "병든 영원(永遠)," 같은 책, 129.
38 이신, 『슐리얼리즘과 영(靈)의 신학』, 300 이하.
39 이신, "인격", "부활(復活)이 의미하는 것", "누구나 할 것 없이 착하게," 『李信 詩集 돌의 소리』, 135, 137, 164.

것이지 인격으로 죽는 것은 없다고 하다가, 다시 그 반대가 진정으로 우리 삶과 죽음의 진실을 일러주는 것이라고 한다. 이처럼 그에게 있어서 믿음과 인격, 그리스도와 하나님, 삶과 죽음, 부활 등은 어떤 고정된 이데올로기적 실체로 보거나, 앞에서 살펴본 류터의 표현대로 종말론적인 것을 유일한 보편으로 역사화할 수 있는 것이 아니다. 오히려 그러한 잘못된 역사화와 이원론을 넘어서는 곳에 존재하며, 그래서 이제 신학의 문제는 "해석학적 문제"(hermeneutic problem)라고 강조하면서, 자신의 신학을 "슈리얼리즘의 신학"으로 명명하고 한마디로 "영(靈)의 신학"이라고 밝힌다.

아버지 이신은 이러한 예수 그리스도의 인격성에 대한 해석을 통해서, 베르댜예프의 언어로 보면, "보편은 일반적인 것이 아니(고), 구체적이며 충실한 것"이며 "보편과 단독과의 대치는 올바른 것이 못 된다"는 것을 강조하고자 했다.40 그는 "객체적(客體的)인 것의 환각(幻覺)"을 말하며 "소리, 언어, 목소리"의 구분에 대한 예민한 의식을 가지고서 "보편은 객체 속에 있는 하나의 현실이 아니"기 때문에 "인격적인 것은 타자를 필요로 한다"는 사실을 강조한다.41 그러므로 참된 믿음과 인격은 결코 자아 속에 함몰되지 않고 오히려 오늘 우리 세대도 그 어느

---

40 니콜라스 A. 베르댜예프, 『노예냐 자유냐』, 49.
41 이신, 『李信 詩集 돌의 소리』, 140, 156; 니콜라스 A. 베르댜예프, 『노예냐 자유냐』, 50, 55.

시대보다도 극심하게 빠져 있는 왜곡된 자아중심주의와 물질주의적 부르주아 노예성에서 벗어나게 한다는 것이다. 베르댜예프의 관찰에 따르면 잘못된 자아주의는 인간의 이중적 예속을 나타내는데, 그것은 먼저 자기의 경직된 자아성에 대한 예속이고, 그다음은 밖의 세계가 휘두르는 전형화된 세계의 강제력에 대한 전적 예속이다. 그래서 자아주의에 빠진 사람은 항상 실제로는 나 아닌 것만을 의식하고, '타자인 나'를 알지 못하고, '당신'을 알지 못하며, "나에게서 나가는 자유"를 전혀 알지 못한다고 일갈한다.42 자아중심적 인간은 세계와의 관계에서 철저히 객체적 척도에 좌우되므로 단지 "추상"을 사랑할 뿐이지 "살아있는 궤적인 사람들을 사랑하지 않는다"는 것이다.43

나는 오늘 나 자신을 포함해서 우리 시대의 많은 진보적 사고가들이 빠져 있는 이러한 자아중심주의의 병을 보고서 아버지 이신이 예수를 "주시는 자", "남을 위한 존재"(being for others), "죽기까지 남을 사랑하다 돌아가신 분"으로 파악한 것은 여전히 큰 의미와 도전이 된다고 본다. 한국그리스도의교회 환원운동을 통한 그의 저항은, 기독교 신앙의 정수가 바로 그렇게 죽기까지 타자를 위해 사는 삶이고, 겸비와 익명이며, 그처럼 자신을 비우면서 전체주의적으로 보편적 일반성을 주장하는 세력에 맞서서 또 하나의 소수자의 특수(인격)를 드러내려는 일이었

---

42 니콜라스 A. 베르댜예프, 『노예냐 자유냐』, 55.
43 같은 책, 56.

다고 이해한다. 만약 그러한 소수자와 변방의 특수자의 지속적인 침노와 저항이 없다면 세상은 온통 파시즘과 전체주의의 소굴로 변하기 때문이다. 앞에서도 언급했듯이 20세기 서구 전체주의에 대한 혹독한 비판자인 한나 아렌트가 현대인들의 깊은 병을 "세계 소외"(world-alienation)로 지적한 것도 유사한 맥락이라고 할 수 있다. 이렇듯 아버지 이신의 목소리는 현대 물질주의와 자아에의 노예성에 빠진 현대 문명에 대한 단호하고 강력한 저항의 목소리였으며, "회고주의적 (보수)의 노예 종교로 전락한 기독교의 현 상태"를 깨려는 자유로운 인격자의 사자후였다고 하겠다.44

V. 믿음의 '상상'(聖)에 대하여

종말론적 인격의 믿음의 저항을 통해서 보편의 일반화를 깨고 다시 새로운 방식으로 보편을 말하며 그 영역을 확산해 가려는 시도 앞에서 베르댜예프의 다음과 같은 언술은 의미심장하다. 이는 아버지 이신의 믿음과 신학이 단순히 좁은 의미의 기독교 내지는 교회 안에서의 물음이 아니라 인간 문명 전체를 문제 삼고 전 우주적 영역으로 확산되어 나가는 것임을 알게 하는 중요한 단서가 된다.

---

44 이경, "시집을 펴내며," 『李信 詩集 돌의 소리』, 10.

내가 인간의 불멸을 그리스도와 관련시키는 경우 나는 결코 이 불멸성이 의식적으로 그리스도를 믿는 사람들에게만 존재한다고 말하고 싶은 것은 아니다. 문제는 그것보다 더 심각하다. 그리스도는 그를 믿지 않는 사람들을 위해서도 존재한다.[45]

아버지 이신은 보편의 독점에 대한 저항을 특히 그의 예술적 '상상'(imagination)과 더불어 이루어 나갔다. 그가 젊은 시절부터 함께해 왔던 그림 그리기, 특히 현대 전위예술에의 참가는 그의 "슐리얼리즘(슐리얼리스트)의 신학", "영(靈)의 신학" 또는 "카리스마적 신학"을 이루는 데 핵심 관점을 제공해 주었다. 그는 신학을 해석학적 문제이며 "영(pneuma) 중심적인 면으로 옮겨야" 한다는 것을 점점 더 강조하였다. 70년대에 그가 쓴 "예술과 신학"은 "예술가와 원형"에 대해서 말하고, 이중섭 등을 포함해서 현대 회화가 표현하는 난해한 '현실'과 '공개된 비밀'을 알아보는 "제3의 눈"을 지적하면서, 예수는 "종래 도학자적인 신학자들의 눈에 비쳤던" 것처럼 한 도덕적인 실천가가 아니었다고 주창한다. 예수는 자신의 짧은 생애로 인간의 역사에 결정적인 전환점을 가져다준 "전 생애가 창조적인 이벤트 메이커"(the creative event- maker)였다는 것이다. 그러면서 이신은 자신의 슐리어리스트의 신학을 다음과 같은 말로 연다.

---

45 니콜라스 A. 베르댜예프, 『노예냐 자유냐』, 71.

> 인간에게 있어서 치명적인 병은 마르크시스트들이 말하는 것처럼 부르주아들의 '착취'도 아니고 자본주의자들이 생각하는 것처럼 '가난'도 아니며, 실존주의자들이 생각하는 것처럼 '절망'도 아니다. 인간에게 '죽음에 이르는 병'은 이매지네이션(imagination)의 부패다.46

위와 같은 말을 한 이후 40여 년이 흐른 오늘도 한국 사회에서 사람들은 여전히 제일 심각하고 치명적인 인간 불행의 요인으로 경제적 착취나 빈곤 또는 자아실현 등의 문제를 든다. 그런데 이신이 이러한 언술을 했던 때는 대부분의 한국 사람이 물질적으로 많이 가난하고 실존주의가 사상계를 주도하고 있었으므로, 이러한 인식은 매우 낯설거나 '미친' 것처럼 보였을 수도 있다. 하지만 오늘날은 그 당시에는 상상할 수 없었을 정도로 각종 '가상현실'(virtual world)이 우리 앞에 다가와 있고 또한 빈곤과 물질의 문제도 우리의 상상에 따라서 크게 달라진다는 것을 본다. 그리하여 이러한 통찰이 얼마나 시대를 앞서고 근본적인 것이었는지를 깨닫는다. 이신은 "어떤 악한 일도 이매지네이션의 산물 아닌 것이 없고, 어떤 선한 일도 이매지네이션의 산물 아닌 것이 없다"고 지적하면서, 세계는 "있다면 있는 것이요 없다면 없다고 말할 수 있는 허공"과 같이 "역설적"이지만, "사람이 본래 지음을 받을 때 '하나

---

46 이신, 『슐리얼리즘과 영(靈)의 신학』, 204.

님의 형상'대로 지음을 받았다"고 말하는 "하나님을 닮은 곳"이라고 언표한다.47 이미 지적했듯이 이것은 보통 기독교 신학에서 인간의 '하나님 모상'(Imago Dei)을 윤리적 능력이나 도덕적 선함(善) 등으로 표현하는 것과는 한참 다른 것인데, 여기서 아렌트도 그녀의 저서 『전체주의의 기원』 마지막을 어거스틴의 유명한 언술, "시작이 있기 위해서 인간이 창조되었다"(that a beginning be made man be created)를 가져와서 하나님의 참 모상을 인간의 창조력으로 본 것을 지적하고자 한다. 새로운 시작을 가능하게 하는 인간 존재의 본래적 '창조성'(creativity)을 드러내려는 이신의 영적 인간 이해와 잘 연결된다고 하겠다.

이신에 따르면 예수의 "나를 따르라"라는 말은 그를 모방하라는 것이 아니라 그처럼 우리 자신도 창조적으로 살라는 것이고 "제 십자가를 지라"는 의미라고 일갈한다. 여기서 함석헌 선생이 한국 현대사에서 이와 유사하게 고루한 '대속' 신앙으로서의 기독교 '구원' 이해에 대해 행했던 비판이 생각나는데, 그는 앞으로의 "미래의 종교"와 "새 시대의 종교"는 "노력의 종교"로서, "이지(理智)의 종교 시대"로 접어든 인류가 특히 동양 종교에서 배워서 "믿음은 곧 그대로 생활인" 신앙을 체화하는 것이라고 밝혔다.48 여기서 '이지'(理智)가 언뜻 보기에는 '이매지네이션'과는 상치되는 것처럼 보일 수 있지만, 오히려 나는 이지란 단차

---

47 같은 책, 204-205.
48 함석헌, 『새 시대의 종교』, 함석헌 저작집 14권, 74.

원적 지식이나 표피적인 논리가 아닌 보다 깊은 사유와 상상과 직관을 모두 포괄하는 더 높은 차원의 고차원적 인식, '영적 통찰'(spiritual vision)을 의미한다고 본다. 함 선생도 "정신화", "영화"(靈化)에 대해서 말했으며, 그 정신(理)을 상상력과 믿음과 유사하게 해석하기도 했다.[49]

그런데 사실 이신도 이미 그의 박사학위 논문 제5장 "미래를 향한 묵시문학적 환상"(apocalyptic vision for future)에서 스콜라 신학의 대가 토마스 아퀴나스(Thomas Aquinas)를 들어서 어떻게 묵시문학가들이나 전위파 예술가들이 경험하는 '초의식적 환상'(trans-conscious vision) 속에서 인간적 상상력과 지성이 "신적인 빛의 개입"에 의해 강화되는지에 대해 지적하였다.[50] 그가 소개하는 토마스 아퀴나스의 환상 이론에서는 인간의 상상력과 지성이 배제되지 않고 오히려 그것이 신적 환상의 수용을 위한 양식이 된다. 환상 경험은 인간적 상상력과 지성에서 은유적으로 매개된 초월 경험으로서, 인간 상상력과 지성이 "신적 구성"과 "신적 조명"에 의해 "초월의 암호"(칼 야스퍼스)와 "초월적 언어"로 받아들여지는 것임을 말한다. 이신이 이처럼 중세 아퀴나스의 시각을 다시 가져와서 인간적 상상력과 지성의 힘을 신적 초월의 표상화를 위한 긴요한 양식으로 본다는 것은, 그의 사고가 또 한 번의 불이적(不二的)이고 역동적인 특성을 드러내는 것이라고 여긴다. 그가 강조하는

---

49 같은 책, 40, 63; 이은선, "인(仁)의 사도 함석헌 사상의 유교적 뿌리에 대하여," 한국양명학회, 「陽明學」 33 (2012. 12.), 322.
50 이신, 『슐리얼리즘과 영(靈)의 신학』, 126 이하.

'초현실'은 여기 지금의 현실과 동떨어진 어떤 환각의 세계가 아닌 것이다. 그것은 우리 "의식의 둔화"로 보아도 보지 못하고 들어도 듣지 못하는 현실의 "원형적"(aeon) 또는 "궁극적"(메시아적) 구조를 드러내는 현실이다. 따라서 그 구조 안에 오늘날 병든 인간 실존과 공동체를 전복("철저한 부정")시키고 전환("철저한 긍정")시키는 길이 있다고 보는 것을 말한다.51

이신 신학의 고유한 이름이 된 "슐리얼리즘의 신학"을 위해서 그는 1차 세계대전 이후 서구에서 「초현실주의 선언」(1924)를 통해 세계에 대한 정신의 승리를 선포한 앙드레 브르통(Andre Breton, 1896~1966)을 언급한다.52 2012년에 황현산 선생은 『초현실주의 선언』을 번역 소개

---

51 같은 책, 131 이하.
52 앙드레 브르통의 이 선언은 2012년에 불문학자 황현산 교수에 의해서 『초현실주의 선언』, 『초현실주의 제2선언』, 『초현실주의 제3선언 여부에 붙이는 전언』 등으로 번역 출간되었으며, 황 교수님은 여기에 브르통을 중심으로 한 서구 초현실주의 운동사에 대한 긴 해설을 붙였다. 그는 이 책과 함께 필자에게 보낸 편지에서 자신이 이미 이신의 책 『슐리얼리즘과 영(靈)의 신학』(1992)을 읽었으며 프랑스 문학을 공부하는 과정에 이신의 저서에서 적지 않은 도움을 얻었다고 밝혔다. 그리고 "선생님의 유작은 불문학사에서 자주 접하게 되는 영지주의와 묵시록적 상상력에 대해 구체적인 이해를 가능하게 해 준 유일한 책이었을 뿐만 아니라, 사실상 한국어로 글을 쓴 유일한 초현실주의자를 거기서 만날 수 있었다는 것도 저에게는 놀라운 경험이었습니다"라고 하셨다(2012년 3월 20일 편지). 이 편지를 받고 우리 가족은 매우 고무되었고, 우리도 모르는 사이에 아버지의 글과 사상이 이렇게 전달되고 있다는 사실을 알고 매우 기뻤다. 이후 황 교수님의 딸이 이신의 외손자 이경성 연극 연출가와 개인적으로 연결되었다는 소식을 듣고 참으로 삶의 인연이 오묘하다고 생각했다. 사실 내가 대학에서 불문학을 전공하게 된 것도 아버지의 권유였고, 이후 신학을 공부한 것도 그로부터이니, 삶은 이렇게 세대를 넘어서 지속되는 것이다. 앙

하면서 그 해설 "상상력의 원칙과 말의 힘"을 다음과 같은 말로 마무리한다.

> 초현실주의의 역사를 가로지르는 변함없는 원칙은 인간의 자유이다. 인간을 자유롭게 하고 인간의 능력 전체를 지금 이 자리에 불러내기 위해 먼저 시작해야 할 일은 언어를 대상으로 삼는, 언어의 힘을 빌린, 언어의 작업이다. 인간이 자신에 대한 지식을 늘이는 일은 세계에 대한 인간의 학식을 늘이는 가장 훌륭한 방법이다. 언어의 개혁은 시의 개혁으로, 인간의 개혁으로, 세계의 개혁으로 연결된다. 이 점에서 초현실주의는 20세기 전위 예술 운동 중에서 존재의 총체성을 문제 삼은 거의 유일한 운동이다. 초현실주의는 시의 선동력과 언어의 잠재력에 판돈 전체를 걸었다.[53]

아버지 이신도 갈수록 더욱더 인간의 '언어'(言)에 주목한다. 그리고 이미 언급했지만 그가 자신의 이름을 '신'(信)으로 바꿀 정도로 인간 실존과 우주 실재의 핵으로 파악한 그 '믿음'(信)이라는 단어가 바로 '인간'(人)과 '언어'(言)의 합성어인 것을 우리는 인지한다. 그런데 그 믿음(信)은 동아시아적 전통에 따르면 "내 안에 실제로 갖추고 있는 것"(有諸己之謂信)[54]이다. 다시 말하면 초현실이란 언어로서 바로 여기

드레 브르통/황현산 번역·주석·해설, 『초현실주의 선언』 (미메시스, 2012).
53 황현산, "해설-상상력의 원칙과 말의 힘," 앙드레 브르통, 『초현실주의 선언』, 47-48.

지금의 구체적인 현실과 실존의 구체성과 개체성 안에 드러난다는 것이다. 아버지 이신은 자신의 신학을 슐리얼리즘의 신학으로 명명하면서 다음과 같이 밝힌다.

> 여기는 초월이 있기는 있으나 그 전 모양으로 먼 데 있는 초월이 아니라 가장 가까운 데 있는 초월이고 우리가 보고 들을 수 없는 세계의 초월이 아니라 우리가 보고 듣고 만지면서도 우리가 의식 못 하고 가장 가까이 있으면서도 먼 그런 것이다.55

그에 따르면 슐리얼리즘의 신학은 "새 술에 취한 사람들"이 하는 말이기 때문에 지금까지의 의식으로는 "괴이하게" 들릴지 모르지만, 그것은 "좌우간" "자기의 마음을 털어놓"은 것이고, "의식의 밑바닥"을 드러내 보이는 것이며, "마음의 심층을… 열어보"이는 것이기 때문에 누구든지 할 수 있는 일이다. 앙드레 브르통의 "시인이 따로 있는가, 아무나 시인이 될 수 있다"라는 말을 인용하면서 이신은 "슐리얼리즘의 신학도 누구나 신학자가 될 수 있다고 주장할 수 있다"고 선포한다.56 그런 의미에서 그는 슐리얼리즘이란 하나의 '주의'가 아니고, 하나의 주의라고 하기에는 "무척 포괄적"이고 또 "겉으로 보기에는 서로

---

54 『맹자』, 「진심」(盡心) 下, 25.
55 이신, 『슐리얼리즘과 영(靈)의 신학』, 222.
56 같은 책, 217.

나뉘어 있는 것을 결국에 가서 하나로 보기 때문에 편협이 있을 수 없고 분열이 있을 수 없는 그런 주의"라고 한다.57

나는 여기에서 이신의 신학이 얼마나 초월을 급진적으로 내재화시키는가를 본다. "슐리얼리즘의 신학은 한마디로 말해서 영(靈)의 신학이다"라고 말한 그는 다시 분명하게 "'말씀이 육신이 됐다'와 '육신이 영이 됐다'를 한꺼번에 다 껴안을 수 있는 그런 주장"이라고도 밝힌다.58 여기서 또 한 번 그의 사고의 불이적(不二的) 특성이 드러난다. 이렇게 해서 슐리얼리스트의 신학이 우리가 보통 알고 있는 서구 현대 전위예술의 단순한 답습이 아니라 그보다 훨씬 더 급진적으로 존재의 왜곡된 이원론을 극복하려는 한국적 시도이고, 그것을 '물질'이 아닌 '정신'의 차원에 주목하면서, 즉 '정신의 사물화'(Alle Woerter werde Dinge)와 함께 '사물의 정신화'(영화[靈化], Alle Dinge werde Woerter)를 동시에 강조하면서 존재의 온 영역을 영의 영역으로 화하게 하려는 힘찬 기도(企圖)라고 나는 해석하고자 한다.59

그는 돌아가시기 전까지 쓴 "카리스마적 신학"에서 "카리스마적 해석학"을 말하면서 기존의 글쓰기, 띄어쓰기 방식을 내려놓고 자동기술

---

57 같은 책, 224.
58 같은 책, 224.
59 유교와 기독교의 만남을 추구하는 한국의 여성신학자로서 나는 일찍이 "악의 평범성"을 말하는 한나 아렌트와 대화하면서 오히려 "聖의 평범성의 확대"를 강조해 왔는데, 이러한 나의 기도(企圖)가 이신의 슐리얼리즘의 신학적 기도와 맞닿아 있다고 생각한다. 이은선, 『한국 생물(生物) 여성영성의 신학』, 29 이하.

적 방식으로 "하나님은영靈이시다", "영이신하나님과의실존적만남", "하나님을본다는것"을 말한다.60 그가 여기서 '영적'이라고 말하는 방식은 결국 초월(정신)과 내재(물질/세계)의 지극한 통섭을 말하는 것이므로, '슐리얼리즘'이 어떤 서구 예술 사조로서의 하나를 말하는 것이 아니라 보다 근본적으로 "인간의 가장 깊은 골짜기에서 나오는 소리를 들으려고 하고 또 그것이 차분히 가라앉은 목소리를 가지고 이를 데 없이 겸손한 자세로 모든 것을 대하기 때문에 늘 그 그루터기가 남아서 되살아 나오기에 그러한 것"이라고 밝히는 것이다.61 이러한 맥락에서 이신은 2천 년 전의 유대인 청년 예수 그리스도를 우리 "신뢰의 그루터기"라고 밝히지만, 그의 신학은 그 예수 한 사람에게서만의 그리스도에 머무르지 않는다. 그는 한국 시골의 참으로 후미진 곳 범부들로부터 또 다른 그루터기의 범례를 밝힌다. 예를 들어 충청도 괴산군 소수면 수리 죽실령 근처에서 살던 한 사람이 근방의 중국인으로부터 돈을 빌려 장사를 해서 많은 돈을 벌었는데, 그 중국인의 소식이 끊겨 갚을 수 없게 되자 대신 감사의 마음을 담아 번 돈으로 그 험한 고갯길을 고쳐서 사람들이 평안히 통행할 수 있게 하고, 거기에 그 중국인을 기리는 돌비를 세웠다는 이야기를 전한다. 이신은 이 시골의 한 촌부야말로 "오늘날처럼허물어져가는불신의시대에참으로아름다운것을일깨워

---

60 이신, 『슐리얼리즘과 영(靈)의 신학』, 253 이하.
61 같은 책, 225.

주는일"을 한 신뢰의 그루터기가 된다고 밝힌다.62

요즘사람들에게 '돈'이 있고 '지식'이 있고 '과학'이 있고 '자동차'가 있고 '비행기'가 있고 천체를 왕래하는 '우주선'이 있고 '원자무기'가 있고 '미사일'이 있고 해도 결정적으로 결핍된 것은 '성실성誠實性'이란 것이 없어져가고 있는 것인데 그것은 '돈'을 갖고도 '과학'을 갖고도 '비행기'를 갖고도 '우주선'을 갖고도 '원자무기'를 갖고도 '미사일'이나 '최신무기'를 갖고도 구제할 수 없는 그런 것으로서 그런 온갖 것을 갖추고도 오히려 허물어져가는 '사람과 사람 사이의 관계'와 '사람과 자연과의 관계'가 어떻게 하면 정상적인 것으로 회복받을 수 있는가 하는 참으로 크나큰 문제로서 또 가장 긴급을 요하는 문제로서 누가 그렇게 요즘 사람들이 느낄 것인가마는 좌우간 이런 발설發說함으로 또 다시 웃음거리를 만드는 것만으로도 족한 줄로 생각한다.

아버지 이신은 자신의 쉬르리얼리즘의 신학을 구상하는 가운데 타계하기 2년 전인 1979년 3월 몇몇 사람이 모여 '한국쉬르리얼리슴연구소'를 결성하고 「돌의 소리」라는 간행지를 발간했는데, 처음 그 취지와 의미를 밝힌 창간 선언문에서 이렇게 말했다.

쉬르리얼리슴은 동서를 가릴 것도 없고 절대의 합일점인 Surrealite

---

62 같은 책, 300-301.

를 곧 물질과 정신, 의식과 무의식, 신화와 역사, 성과 속 등의 통전계를 추구하는 것이니 이런 것, 저런 것, 이런 사람, 저런 사람이 다 합할 수 있는 데로 합할 수 있는 것이니 여간 좋은 것이 아니다.63

여기서도 잘 드러나듯이 가장 미천해 보이고 참으로 미약하고 생명 없어 보이는 대상과 장소에서 바로 초월을 보고, 거기에서 보편(하나님 또는 그리스도)을 알아보고 만나는 영적 실행을 말하는 것이다. 아버지 이신은 1980년 7월 3~9일에 열렸던 "제1회 심신장애자(지체부자유자·정신박약아) 작품전"을 위한 팸플릿을 썼는데, 당시 그와 같은 일 자체만도 보통의 일이 아니게 보이지만, 여기서 그는 유사한 맥락으로 그루터기를 발견하는 일을 "유일자"(唯一者)를 발견하는 일로 그린다.64

차라리좀우직한편이낫고더나가서는좀<어수룩한것>이그리워지는시대라고말할수있는데그런의미에서우리는심신장애자들에게나또그와같은이들에게서여간배울것이많은것이아니다.이런이들이만들어낸<물건>가운데서오늘날우리가또다시<誠實性>의그루터기를발견할수있을것같고우리잃어버린밑바탕의어떤모습을현대문명의오염을면한분들에게서찾을수있는데….

---

63 이신, "돌의 소리," 『李信 詩集 돌의 소리』, 148.
64 "제1회 심신장애자(지체부자유자·정신박약아) 작품전"(1980. 7. 3~9.)은 청소년근로문제연구소부설직업훈련원 주관하에 덕수미술관에서 열렸으며, 나는 이번 기회에 작품전의 팸플릿을 찾아내면서 이 글(1980. 6. 9.)을 만났다.

이와 같이 아버지 이신의 믿음의 상상력은 보편을 특수에 연결시키고, 특수를 보편화하는 것을 볼 수 있다. 나는 그의 '믿음'과 '저항'과 '상상'이 이렇게 시대의 보편의 독점을 깨고 다시 새롭게 보편을 세우는 일이라고 본다. 이것은 바로 '거룩'(聖)의 영역을 확대하는 일이고, 지금까지 억눌려 있고 소외당하고 천시받아 왔던 특수의 영역을 새로운 보편으로 등극시키는 일이다.65

그의 유고집 『슐리얼리즘과 영(靈)의 신학』의 표지 그림은 그의 그림 중 가장 큰 그림이자 그의 생애 마지막 그림(1980)이다. 당시 아버지는 충북 괴산군 소수면(소수 그리스도의교회)에서 다시 서울로 올라와 원효로에 살고 계셨다. 화실이 따로 있을 리 없던 그는 방 한 면의 책장 앞에 큰 캔버스를 세워 놓고 작은 붓으로 선을 이어 나갔다. 우리가 밖에서 돌아오면 들어와 그리고 싶은 대로 선을 이어보라고 청하기도 하셨다. 그렇게 여러 익명의 사람들에 의해 하나씩 하나씩 짧은 선들이 이어지면서 그 안에 없던 사람의 형상이 튀어나오기도 하고, 다시 또 이어지면서 또 다른 사람들, 아니 전체가 하나로 이어져서 커다란 한 생명적 그물망이 생겨난다. 나는 이 그림을 보면서 여러 가지를 상상한다. 천지창조처럼 아무것도 없던 흰 캔버스 위에 하나씩 작은 점과 선들이 모아져서 거대한 생명망이 생기고, 그 창조와 탄생의 과정이 더욱

---

65 이은선, "부활은 명멸(明滅)한다 — 4.16 세월호의 진실을 통과하는 우리들," 한국여신학자협의회, 「한국여성신학」 83 (2016, 여름), 80 이하.

세밀하고 내밀해지면서 인간이 탄생하고, 다시 그 핵이 점점 더 튼실해지면서 마침내 그리스도의 형상이 떠오른다. 그 모두를 품고 있는 커다란 생명망의 우주적 마음이 거기에 나타나는 것이다.66

아버지 이신은 이 두 방향의 창조적인 역동성 속에서 우리 시대가 많이 범하고 있는, 자칫하면 예술이 빠져들 수 있는 노예성에 대해 경고한다. 특히 상상력과 관계하는 미는 선보다 더 조화적이고, 미를 통해 이 세상이 아닌 다른 세계로의 돌파를 가능하게 하고, 문명이 지닌 이매지네이션의 부패를 지적해 주지만, 그 부패를 치료하는 데 결정적인 역할을 담당하는 것은 종교라고 분명하게 밝힌다.67 예술의 탐미주의가 종종 빠지는 심미적 매력은 인간을 방관자로 만들 뿐이지 행위자로 만들지 못한다고 하는데, 이러한 지적은 앞의 아렌트가 『인간의 조건』에서 예술을 인간 "작업"(work)의 범주에 넣으면서 인간의 진정한 주체성이 드러나는 "행위"(action)와는 달리 예술가는 종종 자신이 생산한 작품에 종속되는 노예성에 빠지는 것을 지적한 것과 유사해 보인다.68 베르댜예프도 미를 추구하는 예술이 주로 '어떻게'에 대한 관심으로

---

66 이은선, "새그리스도로지," 「기독교세계」 (2017. 4.), 54. 지난 1월부터 감리교 교단에서 발간하는 「기독교세계」는 매월 "돌의 소리"라는 제목 아래 이신의 그림을 한 점씩 소개하고, 그에 대한 해설로 "초현실주의 신학자 李信의 삶과 그림"을 연재하고 있다. 그림에 거의 문외한인 내가 그 해설을 맡게 되어, 나름대로 아버지의 유작들을 신학적으로 해석하며 아버지의 그림 세계를 다시 상상해 보고 있다. 앞의 내용은 4월호에 실린 해설을 가져온 것이다.
67 이신, 『슐리얼리즘과 영(靈)의 신학』, 206.
68 한나 아렌트/이진우·태정호 옮김, 『인간의 조건』.

'무엇'에 대한 관심을 탈각시킴으로써 마침내 진리에 대해서 무관심하게 되고 객체나 자아에의 노예성에 빠지게 된다고 지적했다.69 정확한 연도는 알 수 없지만 이신의 시 <불이 어디 있습니까?>에서 그는 "불이 어디 있습니까 당장에는 없는 것, 눈을 씻고 봐도 없고 손을 흔들어도 없는 것, 없어도 있는 것 있으면서 없는 것, 돌과 돌이 부딪혀서 나는 것, 쇠와 쇠가 부딪혀서 있는 것, 어둠의 장막이 내리고 산촌에 길을 막을 때 비치는 불빛"이라고 했다.70 여기서도 분명히 드러나듯이 영(靈)을 상징하는 '불'이 바로 그 불과 가장 거리가 멀다고 여겨지는 '돌'과 '쇠'를 통해서 얻어질 수 있다고 말한 것이다.

한국에서도 번역된 조르조 아감벤의 『불과 글』은 아버지 이신이 크게 영감 받은 서구 현대 아방가르드 예술가들이 어떻게 언어와 글쓰기라는 인간 말의 예술에 모든 것을 걸고, 그것을 통해서 또는 그것을 넘어서 정신의 전적 자유와 새로운 이상의 초현실의 세계(불)를 이루어 내고자 고투했는지를 소개한다. 이에 따라 이탈리아의 네오아방가르드 소설가 조르조 망가넬리(1922-1990)는 다음과 같은 해설서를 내놓았다.

'글'은 신입니다. 우주죠. … 그러니까 (그의) 책은 처음부터 '글'은 우

---

69 니콜라스 A. 베르댜예프, 『노예냐 자유냐』, 318 이하.
70 이신, "불이 어디 있습니까," 『李信 詩集 돌의 소리』, 110.

주라는, 즉 의미들의 총합 외에는 아무것도 의미하지 않는 신의 언어와 담론이라는 생각을 열쇠로 읽을 수 있습니다.

그리고 이러한 글쓰기에 대한 관점의 원형이었던 프랑스 시인 말라르메(S. Mallarme)는 "세상은 오로지 책으로 피어나기 위해 존재할 뿐"이라고 믿으면서 평생 하나의 절대적인 책을 계획했는데, 그가 이 일을 위해 제거하고자 했던 요소는 무엇보다도 '저자'(author)였다고 한다.[71] 그는 네르보와 랭보 등 초현실주의의 영향을 받았고, 『자기연단』(*Il lavoro su di se*)이라는 서간집의 주인공이 된 작가 르네 도말(Rene Daumal, 1908~1944)에게 "글을 쓴다는 것은 고행을 실천하는 행위의 일부"이고 "작품의 창조는 그 글을 쓰는 주체의 변모에 비해 부차적인 차원"으로 밀려났다고 말했다고 한다. 도말은 "그래서 제 일은 점점 '저를 위한' 작업이라기보다는 제 자신에 대한 작업으로 변하고 있습니다"라고 말했다고 소개한다.

이상에서 보여진 대로 많은 슐리얼리스트 전위 예술가들의 궁극적 지향은 결국 매우 전위적이고 급진적으로 자신들 삶 자체를 '제로'(zero, 無)로 전환시키는 '영적 겸비'에의 길로 나아가는 것이었다. 나에게는 슐리얼리스트 화가이면서 신학자인 이신의 삶과 추구도 점점 더 그렇게 되어 간 것으로 보인다. 그가 죽음의 침상에서 마지막으로 쓴 "이단

---

[71] 조르조 아감벤/윤병언 옮김, 『불과 글』(책세상, 2016), 158-161.

이란 무엇인가"를 보면 "교리적 언표와 실제 생활"에서의 인격적 구현 여부가 한 종교 사상의 이단 여부를 가리는 시금석이라고 밝힌다. "눌린 자의 해방자"와 "화해의 주체자"로서의 예수 그리스도의 교회가 오늘 대한민국의 역사에서 "남북한의 분단이라는 풀기 어려운 상태"와 "한국교회의 분열상"이 극심한 가운데서 그 역할을 하지 못하고 오히려 당파, 파(派), 편당을 조성하는 일에 몰두할 때, 그것이 곧 이단이라고 밝힌 것이다.72 이신은 그러한 가운데 "인간관계에 화해 없으면 하나님과의 화해는 무의미"하다고 선포한다.

마지막에는 우리의 화해는 "하나님의 선수적(先手的) 행위" 때문에 가능해졌고, 그래서 "신뢰할 만한 것"이라고 고백한다.73 그런 의미에서 그가 그토록 강조한 '믿음'과 '상상력'이 다시 하늘의 선수적 은총임을 드러내는데, 그렇게 그는 참으로 '믿는 자'(信)였고 "초현실을 의식하는 사람"이었던 것이다.74 그래서 그는 자기 시대에서 좌절당한 사람이었고, 자기 교회에서 유배당한 사람이었으며 또한 가족과 고향에서 외면당한 사람이었다. 그럼에도 불구하고 그는 바로 그 믿음과 의식으로 죽는 순간까지 "돌의 소리"가 되어 다음과 같이 외쳤다.

좌우간하늘을마시고동시에땅에발을딛고선사람치고는누구나통

---

72 이신, 『슐리얼리즘과 영(靈)의 신학』, 328 이하.
73 같은 책, 336.
74 이신, "돌의 소리," 『李信 詩集 돌의 소리』, 146.

할수있다고생각하고이런기상천외의소리를함으로모두가손에손을잡고웃으며초현실의평화와자유를갖자는것이다.이것은말하자면'이리가어린양과함께거하며표범이어린염소와함께누우며송아지와어린사자와짐승이함께있어어린아이에게끌리며암소와곰이함께먹으며그것들에게끌리며그것들의새끼가함께엎드리며사자가소처럼풀을먹을것이며젖먹는아이가독사의구멍에서장난하며젖뗀어린아이가독사의굴에손을넣을것이라'는소리는사실말이지요즘현명하다는사람들에게는얼토당토않은소리로들릴것이다.…그러나오늘은내일을부르고내일은오늘을부르기때문에이것은미래의귀에만낯익은소리일뿐만아니라현재의귀에도어떤사람들에게는들릴수있는소리일것이라고생각하고좌우간발설해보는것이다.(한국쉬르리얼리슴연구소, 1979/4/20)[75]

VI. 믿음의 '지속'(成)에 대하여

'한국그리스도의교회'라는 원형을 생각하고 당시 대부분의 사람에게는 낯설고 얼토당토않게 들리던 소리를 발설하며 외롭게 저항하고 상상하셨던 아버지가 가고 35년(2017년)이 흘렀다. 그의 딸로서 나는 이후 한국 여성신학자가 되어서 '한국적 여성신학'을 구성하기 위해서

---

75 같은 글, 150.

나름대로 씨름하고 있다. 그러면서 내가 요사이 몸담고 있는 신학과 교회 운동이 "생명평화마당"의 "작은교회운동"이고, '한국적 교회론'을 구성해 내는 일이다. 그런데 종교개혁 500주년을 맞이하면서, 점점 더 물질주의적 타락과 보수화로 치닫는 한국교회를 근본에서부터 개혁하고자 생명평화마당 운동이 모토로 삼고 있는 구호가 "탈성직, 탈성별, 탈성장"이라면, 나는 이 모토가 아버지가 그토록 힘주어서 강조했던 한국그리스도의교회의 정신과 크게 다르지 않고, 우리가 이 운동과 더불어 구성해 내고자 하는 한국적 교회론의 그것과 매우 상통함을 본다. 오늘날 각종 파벌, 신앙적 이데올로기의 경색, 돈, 에로스의 노예가 되어버린 교회를 향하여 다시 그리스도의교회 본래의 역동성과 신앙의 동시성을 찾자는 것이 이 주창이기 때문이다.[76]

나는 오늘의 '작은 교회 운동'을 통해서 진정한 한국적 그리스도의 교회가 이루어지기를 바란다. 최근 불거졌던 서울기독대학교 손원영 교수 사태에서 보듯이, 하나의 역사적 교단으로서 '한국그리스도의교회'는 아버지가 가신 이후 그들이 비판의 대상으로 삼는, 소위 다른 '교파 교회'보다 훨씬 더 경직되고 보수화되었으며, 더 폐쇄적으로 문자와 전통에 사로잡히는 형해화된 교회가 된 것 같다. 아버지가 새롭게 세우고자 노력했던 교회와 학교가 그러한 모습으로 변해버린 것이 매우 안타깝지만, 그가 살아계셨을 당시 그에 대한 배척과 소외가 잘 지

---

76 생명평화마당 엮음, 『한국적 작은교회론』(대한기독교서회, 2017).

시하듯이 한국그리스도의교회 안에는 이미 그러한 불행의 씨앗이 담겨 있었는지 모르겠다. 미국 그리스도의교회 환원운동이 빠져 있던 문자주의와 회고주의를 아버지는 당시 비판했고, 그 일로 미국 선교사들과 갈등하면서 한국인의 신앙적 주체성을 매우 강조하셨는데, 한국교회가 그 일을 이루어 내지 못한 것이다.

또한 오늘날 순복음교회의 타락과 물질주의적 오염을 아버지는 일찍이 "현대 신학과 성령론"이라는 글에서 간파하고 예고하셨다. 그가 경고했던 현대 성령 운동의 문제점이 오늘날 그 교단뿐 아니라 한국교회 전체에서 고스란히 드러나는 것을 보면서 그의 선견지명에 놀란다. 아버지 이신은 기독론이 성령 중심적 기독론으로 가야 하지만 성령을 마치 자신들이 소유한 것처럼 생각하거나 성령을 받는 것을 인간의 어떤 주관적인 종교적 감정의 일로 환원시키는 일 등을 비판했는데, 오늘 순복음교회를 비롯한 한국교회들이 성령 운동을 강조하면서 크게 빠져든 모습이 바로 그것이기 때문이다. 이신은 자신의 신학을 "영의 신학"으로 강조하셨지만 또한 그것이 어떤 위험성을 내포하고 있는지를 잘 아셨다. 그래서 그는 다시 "영 분별법"을 말하며 요한의 "영을 다 믿지 말라"를 들으면서 예수의 '도성인신'(道成人身), 육체로 오신 것을 시인하는 정신을 크게 강조하셨다.[77]

오늘 나는 그의 육신의 자식으로서 그의 신학을 전수하는 자식 중

---

77 이신, "하나님의 영과 적그리스도의 영," 『슐리얼리즘과 영(靈)의 신학』, 311 이하.

하나가 되었다. 그에게 가까이 머물렀던 소수의 학문적 제자들이 어디에서 어떤 역할을 하고 있는지는 거의 연락이 닿고 있지 않아 지금으로선 알 수 없다. 그래서 나는 종국에 뜻의 전수는 몸과 성(性)을 통해서 이루어진다는 것이 더 맞는 말이 아닐까라고 생각하기도 하는데,[78] 아버지가 한국적 신학을 강조하셨고 또한 그도 유교 전통 속에서 사셨지만, 의식적으로 기독교 신학자였던 그가 나의 이 말에 동의할까라는 생각이 든다.

그는 보지 못했지만, 얼마 전 그의 외손자인 극단 "크리에이티브 바퀴"(Creative VaQi)의 이경성 연출가는 올해부터 한국에서 "변방 연극제"라는 연극 축제의 연출을 맡고서 내가 보기에 외할아버지의 '상상'과 '믿음'의 정신에 많이 다가가 있는 연극제 이념을 발표했다. 이것이 이신의 사고가 손자 이경성에 의해서 이어지고 있는 것이라 보고 싶다. 2010년경 그가 쓴 "꿈 그리고 모험 – 전야"라는 글에 보면, 할아버지의 사고를 무의식적으로 이어가고 있음을 나는 읽는다. 할아버지의 믿음, 초현실에 대한 의식, 지속하는 성실성 등을 그는 자신의 글에서 그대로 노출하고 있다. 또한 그가 다른 연극제가 아닌 '변방' 연극제를 맡았다는 것도 슐리얼리스트 이신의 고독과 저항을 생각나게 하며, 그의 첫 작품이 <산초의 꿈>이었던 것은 바로 초현실의 높은 이상에 대

---

[78] 『주역』, 「계사전」. "이어주고 계속하는 일은 선하고, 그것을 이루고 완성하는 일은 (우리의) 자연이다"(繼之者善也, 成之者性也).

한 상상이 그의 주된 의식 세계임을 알게 한다. 이는 모두 이신(李信)의 말씀이 육신이 된 것이고, 그의 육신이 다시 뜻으로 이어지고 있는 것이라 보고자 한다. 얼마 전 이경성 연출가는 '신서'(信恕)라는 이름의 아들의 탄생을 보았다. 그 이름의 첫 글자는 할아버지 이신의 '신'(信)에서 가져왔고, 다른 하나는 우리 한국적 전통의 '충서'(忠恕)에서 가져왔다. 또다시 육화와 부활이 이루어지는 것이라고 생각해 본다.

20세기 여성 정치철학자 한나 아렌트는 그녀의 맨 처음 저술『라헬 파른하겐 ― 어느 유대인 여성의 삶』에서 변방인, 페리아(pariah)들은 특히 '보편화'와 '일반화'에 대한 강한 요구("일반화하려는 강한 경향")를 가지고 있고 "본능적으로 일반적인 인간의 위엄을 발견한다"라고 적고 있다.[79] 즉, 다른 주류인들은 가지지 못하는 뛰어난 내적 감수성과 열정적인 이해심으로 모든 존재 안에서의 존엄과 평등을 알아보고 그것에 대한 강한 요구를 가지고 그들을 하나로 연결하려는 경향을 지니고 있다는 것이다. 그러나 반면 세상에서의 소외와 차별과 갈등의 문제가 단순히 개인적인 특수 문제가 아니라 '정치' 문제이고 '공동체적' 문제라는 것은 파악하지 못한다고 지적했다. 나는 아버지가 그 예민한 감수성과 슐리얼리스트의 상상을 가지고도 그리고 모든 존재 속의 인격의 위대함과 창조성에 대한 놀라운 통찰에도 불구하고, 그런 면에서는 한계가 있었던 것이 아닌가 생각한다. 그러나 그럼에도 그가 최선을 다해

---

[79] 한나 아렌트/김희정 옮김,『라헬 파른하겐』(텍스트, 2013), 34, 264.

자신의 길을 갔다는 것을 의심할 수 없다. 직접적인 변변한 제자 한 사람도 키울 수 없었지만, 대신 몸의 자식들을 통해서 그들을 사상의 제자가 되게 했고, 그의 신학과 예술과 세계에 대한 꿈이 오늘 모두의 보편이 되어 가도록 하고 있다.

그는 한국이 낳은 토착적 사상가로서 이미 '포스트 휴먼'(posthuman)에 대한 놀라운 이상을 가지고 있었다. 더 근원적인 차원에서의 기독교 에큐메니즘에 대해 생각했고, 인간과 자연의 하나 됨에 대해 생태적으로 깊이 사고했으며, 우주 안에서 인간의 위치를 염려하고 무의식의 깊은 차원에 대한 관심으로 진정 인간의 문화와 문명이 어디로 향해야 하는지를 사유하고 통찰했다. 그의 안내로 나는 떼이아르 드 샤르뎅을 공부하게 되었고, 과학의 중요성, 현대 예술의 존재도 나름대로 인식하게 되었다. 그럼에도 불구하고 그와 우리 세대엔 서로 함께할 수 없는 것들이 나타났고, 그다음 세대가 이 한계를 넘어 그의 일과 삶을 잇고자 한다. 그는 나름대로 하늘의 자식이 되어 이어지는 일에 큰 책임감과 수고로 임했으니 그는 진정으로 효자였고, 가장 크게는 하늘 부모님에 대한 '큰 효자'(大孝)였다고 생각한다. 한국의 시인 이상을 이야기했고, 이중섭을 가르쳐 주었으며, 최제우에 대한 논문을 썼고, 홍길동을 말하며 참으로 한국적인 사상가로서 살았던 그, 그의 정신이 오늘 우리 시대에 크게 번져 한국의 통일을 이루고, 교회를 새롭게 하고, 나아가서 인류의 평화와 번영을 위해 한 그루터기의 역할을 할 수 있기를 기대한다. 그런 맥락에서 나는 그의 삶과 많은 연결성을 가진 슐리얼리스트 전위 화가 파울 클레(Paul Klee, 1879~1940)에 대한 표현 한 토막을 이 글의 마지막 말로 가져오고자 한다. 앞에서 살펴본 아감벤은 파울 클레를 "자기 연단과 창조 활동이 완벽하게 일치하는 예"라고 평가했는데, 나도 이신에게서 그와 유사한 모습을 보고 있기 때문이다.

구속을 모른 나라
새로운 땅
기억의 숨결이 없는 곳
… 고삐 없이!
어떤 어머니의 자궁도
나를 데려다 놓은 적이 없는 곳.[80]

이승을 나는 전혀 파악할 수 없다.
왜냐하면 나는 지금 막
죽은 자들에게서,
태어나지 않은 자들에게서
잘 살고 있기 때문이다.
보통 것보다는 창조에 어느 정도 가까워졌으나
가까이 가기에는 아직도 멀고 충분하지 않다.[81]

---

[80] 조르조 아감벤, 『불과 글』, 214.
[81] 서장원, "세기의 풍경, 망명 지식인을 찾아서(독일 편) 화가 파울 클레," 「교수신문」

이상의 이유로 나는 아버지 이신을 오늘 많은 그러함에도 불구하고 여전히 그에 대해서 말하고자 한다. 지금까지의 모든 이야기는 내가 왜 모든 그러함에도 불구하고 아버지 이신에 대해서 계속 말하려고 하는가의 이유이다.

---

871 (2017. 3. 13.), 8.

간추린 참고문헌

『맹자』.
『주역』.
『중용』.

김판임. 『쿰란공동체와 초기그시스도교』. 바블리카아카데미, 2008.
류터, 로즈메리/장춘식 옮김. 『신앙과 형제 살인 ― 반유대주의의 신학적 뿌리』. 대한기독교서회, 2001.
베르댜예프, 니콜라스 A./이신 옮김. 『노예냐 자유냐』. 늘봄, 2015.
베르쟈에프, N./이신 옮김. 『인간의 운명』. 현대사상총서, 1984.
브르통, 앙드레/황현산 번역·주석·해설. 『초현실주의 선언』. 미메시스, 2012.
아감벤, 조르조/윤병언 옮김. 『불과 글』. 책세상, 2016.
아렌트, 한나/김희정 옮김. 『라헬 파른하겐』. 텍스트, 2013.
_____/서유경 옮김. 『과거와 미래 사이에서』. 푸른숲, 2005.
_____/이진우·태정호 옮김. 『인간의 조건』. 한길사, 2001.
이신/이경 엮음. 『李信 詩集 돌의 소리』. 동연, 2012.
_____/이은선·이경 엮음. 『슐리얼리즘과 영(靈)의 신학』. 동연, 2011.
이은선. "부활은 명멸(明滅)한다 ― 4.16 세월호의 진실을 통과하는 우리들." 한국여신학자협의회. 「한국여성신학」 83 (2016, 여름).
_____. "인(仁)의 사도 함석헌 사상의 유교적 뿌리에 대하여." 한국양명학회. 「陽明學」 33 (2012. 12.)
_____. "한국 페미니스트 그리스도론과 오늘의 기독교." 『한국 생물(生物) 여성영성의 신학』. 도서출판 모시는사람들, 2011.
피카르트, 막스/배수아 옮김. 『인간과 말』. 봄날의 책, 2013.
함석헌. 『새 시대의 종교』. 함석헌 저작집 14권.

한국의 문화신학자 이신(李信)을 말하다*

1

지난주(2011년) 젊은 연극단 '크리에이티브 바퀴'(Creative VaQi)는 연극 <강남의 역사 – 우리들의 스펙 태클 대서사시>에서 우리 시대의 부를 향한 욕망과 졸부 의식으로 뒤틀린 도시 한복판에 다시 쉴 곳이 마련되고, 아이들이 천진난만하게 뛰놀며, 오래된 이웃들이 흩어지지 않고 같이 살 수 있도록, 더 이상 공간의 탈취가 일어나지 않는 일을 소망했습니다. 아버지 이신 목사님의 그림에도 그런 천진난만한 아이들이 자주 등장하며, 엄마의 젖을 먹고 있는 모습, 온 세포가 유희로

---

* 이 글은 2011년 9월 23일, 감리교신학대학교 백주년기념관 소예배실에서 故 李信 박사의 30주기를 기해서 한국문화신학회와 감신대통합학문연구소가 공동 주관한 추모강연회에서 읽은 글이다. 당시 남편 이정배 교수가 문화신학회 회장을 맡고 있었고, 박일준, 손원영 교수가 논문을 발표했다.

가득 차서 자유자재로 날아가 버릴 것 같은 모습의 인간이 자주 보입니다. 올해(2011) 소천 30주기를 맞이해서 이렇게 한국문화신학회와 기독교통합학문연구소 주관으로 그를 기리는 학술 잔치가 마련되어서 감회가 깊고, 많은 분의 수고와 염려에 감사드립니다.

아버지가 살아계셨다면, 아니 지금 이 잔치를 보고 계신다면 어떻게 자신이 소개되고 이해되기를 바라며 어떤 이야기들이 다시 전술되기를 원하실까 생각해 보았습니다. 그는 일심으로 하나님 앞에서 단독자로 사는 일에 집중하는 삶을 사셨기 때문에 이렇게 고인이 된 지 30년 만에 공적으로 소개하는 일이 더욱 조심스럽기만 합니다. 그럼에도 먼저 세대를 잇는 육신의 딸로서, 그러나 궁극과 영원을 향한 열정을 함께 나누어 가진 후세대의 신학자로서 그 뜻과 더불어 살아갈수록, 삶에서 '일'(一)과 '다'(多), 자아와 타자, 이상과 현실을 같이 얽어매고 관계시키는 일이 얼마나 어려우며, 거기서 자아를 지우는 일이란 사실상 거의 불가능한 일이 아닐까를 더욱 생각하면서 잠시 아버지 이신에 대해 소개하고자 합니다.

2

아버지가 생애 동안 가장 집중하셨던 일은 신앙에 있어서 주체적이되는 일이었다고 생각됩니다. 해방되기 전 부산에서 부산초량상업학교(부산상고 전신)를 다니신 후 안정된 직장과 가정의 삶을 뒤로 하고 신학을 공부하기 위해서 서울로 올라오신 일, 1950년 6.25전쟁의 발발 직전에 감리교신학대학을 졸업하시고 감리교의 전도사로서 첫 목회를 시작하셨지만 그리스도 복음의 가장 원형적인 형태를 찾아서 '그리스도의 교회'(The Church of Christ)로 환원하신 일, 거기서 다시 성령의 역동적인 현재성을 부인하는 미국식 그리스도 교회의 교리와 식민주의적 선교사들의 정책에 저항하며 '한국(적) 그리스도의교회'를 이루어 내기 위해서 고투하셨던 일, 이러한 모든 일은 바로 신앙에 있어서의 민족적 주체성을 세우기 위한 일이었다고 여겨집니다. "무엇보다 먼저 네 종교를 가져라!"라고 외쳤던 함석헌 선생님처럼 이신은 우리가 받아들인 그리스도의 복음이 다시 외국인들에 의한 교파의 분열로 나누어지고 싸우는 것을 원치 않았고, 그래서 그는 가장 원형적인 이름, '그리스도의교회'와 가장 원형적인 리추얼, '침례'와 매 예배에서의 '성만찬'이 살아있는 '한국그리스도의교회'를 찾고자 했습니다. 이것은 그 후 그의 삶에서 많은 어려움들을 가져다주었습니다.

물론 오늘날은 한국그리스도의교회가 또 하나의 교단이 되어서 더 폐쇄적인 측면이 있고, 그러한 처음 시작 때의 뜻이 이후의 시간 속에서 잘 펼쳐지지 못하기도 했습니다. 하지만 그 시작점의 정신은 앞으로도 누구에 의해서든 성취되도록 힘써야 하는 주제라고 생각합니다. 오늘날 한국교회는 전 세계로 제일 많은 수의 선교사를 파송한다고 합니다. 그런데 만약 그 일을 함에 있어서 한국 사람들이 여전히 칼빈을 이야기하고, 웨슬리의 이름을 들어서 교파로 나누어진 복음을 전한다면, 이는 마땅해 보이지 않습니다. 우리가 처음 서구 선교사들을 통해 복음을 받아들였을 때는 그들에게 매우 중요했던 교파의 구별이 우리에게도 영향을 미쳤지만, 그 구별은 본래 한국 사람들의 씨름에서 나온 것이라기보다는 단지 '상속'되었을 뿐이므로 더 이상 큰 의미가 없다고 생각합니다. 그런데도 마치 그것이 우리의 절체절명의 일인 양 반복한다면 적실해 보이지 않습니다.

저는 이신이 더 큰 '보편'을 제시함으로써 그것이 제안되지 않았을 때 갈등과 반목의 소지였던 '특수'의 구별과 차별을 넘어서고자 고투하셨다고 생각합니다. 더군다나 그 특수의 구별이 자신들의 것이 아니고 타인에 의해서 부과된 것이라면 그것 때문에 갈등할 이유가 더욱이 없다고 보신 것입니다. 그러나 보편적이라고 해서 반드시 추상적일 필요는 없습니다. 또한 우리 모두가 잘 알듯이 실제의 삶에서 어느 특수에 들어가지 않고 그 특수의 독점과 왜곡을 지적하면서 보편에 머무르고자 할 때는 많은 따돌림과 무시, 무권리를 겪지 않을 수 없다는 것도 압니다. 하지만 아버지는 보다 더 근원적인 보편의 의미를 보았기 때문에 그것을 포기하지 않으셨고, 변방의 교단으로 가서 소외된 신학생들과 목회자들을 모아놓고 어떻게든 그 처음의 의미를 나누고자 최선을 다하셨고, 1974년 3월 25일 소수의 뜻있는 동역자를 모아서 「한국그리스도의교회 선언」을 하기에 이르렀습니다.

오늘날 세계뿐 아니라 한국에서도 우리의 신앙적 정황은 지금까지 만연했던 교단적 특수의 구별은 의미가 많이 퇴색하는 방향으로 나아가고 있습니다. 기독교회 안에서의 교단적 구분은 이제 인류가 새롭게 맞이하는 세계 종교의 다원적 정황으로 인해서 그 모두를 하나로 묶을 보다 더 공통적인, 더욱 근원적인 보편의 이름을 필요로 하게 되었고, 저는 그에 합당한 이름이 '그리스도의교회'가 아닌가 생각합니다. 왜냐하면 '그리스도'의 이름은 가장 처음의 출발점에서 비롯된 이름이고 모든 기독인을 참으로 보편적으로 묶을 수 있는 명표이기 때문입니다. 그렇게 하여 아버지의 일생에 걸친 "한국인의 자각으로 이해한 기독교 신앙과 교회의 형태"에 대한 추구가 세계의 기독교회들을 다시 그 본래의 '그리스도의교회'로 하나 되게 할 수 있는 가능성으로 초대하고 있다고 생각합니다. 곧, 더 근원적인 의미의 한국적 에큐메니즘의 전개를 말하는 것입니다.

3

사람들이 아직 '보편'으로 생각하지 않는 것을 보편으로 제안하여 그것이 보다 넓게 '상식'(common sense)과 '공통감'으로 받아들여지도록 하기까지 그 일을 처음으로 제안하고 시작한 사람은 그에 따르는 희생과 고통을 감당하지 않을 수 없습니다. 이신은 그 고통과 어려움을 기꺼이 감수했습니다. 주변의 친척들이나 아버지와 함께 어려운 시간을 보냈던 사람들의 이야기를 들으면 그는 한결같이 신앙의 옳음을 위해서 물질적인 안위나 이익을 버리고 사셨습니다. 한국전쟁 이후의 어려운 상황에서 목회자로서 그래도 상대적으로 좀 더 보장된 감리교회를 떠나서 가난한 이름 없는 교단으로 가신 일, 거기서 남다른 언어능력과 공부로 어렵지 않게 외국에서 오는 안정과 이익을 얻을 수 있었지만 취하지 않으신 일, 60년대 미국 유학 생활에서도 가족들을 초청할 기회가 있었지만 자식들이 한국에서 교육받는 일의 중요성을 들어서 그렇게 하지 않으신 일, 교회나 학교의 크고 작음이나 서울과 지방 소재의 구분을 떠나서 기회가 닿는 대로 목회와 가르치는 일에 최선을 다하신 일, 배우는 학생들의 학력이나 생활 수준에 상관하지 않고 자신이 가지고 있는 최선의 지식과 능력을 나누고자 하신 일 등 누구나 쉽게 할 수 없는 선택을 하셨고, 그래서 삶은 힘들었습니다. 평생 자신의 집을 가져보지 못했고, 그럼에도 그것을 얻고자 하지 않았으며, 어떤 환경에 살든지 감추지 않고 그 사는 곳으로 친구와 동료들, 가난한 학생들, 이웃들을 초대했습니다. 그래서 명륜동 산꼭대기의 집으로 부유한 외국의 선교사들이 다녀갔고, 시인들, 교수들, 뜻을 찾고자 하는 학생들이 끊임없이 다녀갔습니다.

아버지는 가난보다 더 큰 문제는 "의식의 둔화"이고, "이매지네이션의 부패"이며, 창조적으로 살지 않는 것이라고 항상 이야기하셨는데, 그때 어렸던 저희에게는 잘 이해되지 않는 이야기들이었고, 구체적인 몸의 감각으로 느낄 수 없는 정신과 신앙을 위해서 현실의 고통을 견뎌야 하는 것이 힘들었습니다. 하지만 지금 어른이 되어 한 사회인의 삶을 살다 보니 아무리 작고 낮은 수준에서라도 그렇게 어떤 정신과 신념을 위해서 이익을 포기하고 물질을 희생하는 일이 얼마나 어려운 일인가 하는 것을 알아가니 아버지의 삶이 어떠했을지를 다시 깨닫게 됩니다. 더군다나 요즈음처럼 사회 전체가 물질적으로 훨씬 풍부해진 상황에서도 그 물질의 자발적 포기가 쉽지 않은데, 그때 그 어려운 상황에서 어떻게 그런 삶을 사셨을까 생각하게 됩니다. 그리고 많이 죄송스럽습니다. 러시아의 베르댜예프를 많이 좋아하셨고, 그래서 그의 『노예냐 자유냐』, 『인간의 운명』을 번역하시면서, 최소한의 물질로 가장 인간답게 살아가는 삶을 배워야 한다고 강조하셨던 것이 얼마나 중요한 일인가를 잊지 않도록 노력합니다.

4

다음으로 아버지가 한국 신학계에서는 드물게 예술과 신학, 회화와 종교적 삶을 접목하려고 노력하신 일을 들고자 합니다. 그는 부산상업학교 시절부터 그림을 그리기 시작하셨고, 그 열정에서 신학 공부를 결정하셨습니다. 미국 유학 시절에는 활발한 작품 활동으로 자신의 유학 비용뿐 아니라 가족들의 생계비까지 조달하셨습니다. 현재 50년대의 그림은 거의 남아 있지 않지만, 60년대 초반의 그림이 많이 남아 있습니다. 미국에서 오신 후에는 가중되는 생활고로 그림을 그릴 수 있는 상황이 아니었지만 작품 활동을 쉬지 않으셨고, 돌아가시기 몇 개월 전까지 그린 그림이 2015년 다시 펴낸 그의 『슐리얼리즘과 영(靈)

의 신학』 표지가 되었습니다. 그는 "예술을 아는 사람이 진정으로 신학을 이해할 수 있다"라고 말씀하시곤 했습니다. 그는 회화와 시 중에서도 특히 상상력과 환상의 초현실주의를 많이 이야기하셨고, 이것이 그의 화풍이 되었습니다. 그의 박사학위 논문이 신구약 중간기의 저항문학으로서 묵시문학을 다룬 것도 같은 맥락에서 이해되는데, 그 묵시문학가들이 현실의 비인간성을 뛰어넘어서 새하늘과 새땅의 영원성을 다시 이 땅에 실현하고자 저항한 것을 기독교 신앙적 삶의 원형으로 제시하고, 그것을 슐리얼리스트 예술적 삶과 유비합니다.

참으로 안타까운 일은 귀국 후 그가 써내려 가기 시작한 "슐리얼리즘의 신학"이 본격적으로 전개되지 못한 것입니다. 그는 1924년 서양에서 브르통 등이 선언한 슐리얼리즘은 이미 오래전에 '무위지사'(無爲之事)와 '불언지교'(不言之敎)를 이야기한 동양의 지사들이 더 단순하고 투철하게 인식하고 보았다고 말하기도 했습니다. 그러나 그는 동양과 서양을 갈라놓는 것을 원치 않았고, 슐리얼리즘을 "상대성을 초월하자는 것인 동시에 초월을 다시 새롭게 생각하는 것"으로 "여간 미묘한 것이 아니다"라고 했습니다.

그는 특히 인간의 상상력, 환상과 영의 능력에 주목했습니다. 그래서 당시 순복음신학교에서 강의도 하셨고, 거기서의 잡지 「카리스마」에 실린 "카리스마적 신학"이 그의 마지막 유고가 되었지만, 동시에 "영적 세속주의"와 "기도 많이 하는 이기주의자들"에 대한 경계도 늦추지 않았습니다. 성령의 시대, 새로운 영의 시대를 이야기할수록 그 영의 인격적 구현과 역사 현장에서의 해방자와 화해자로서의 열매를 이단을 판단하는 시금석으로 들었던 그는 그렇게 '상상'과 '믿음'과 '성실'의 일로서 인간의 새로 시작할 힘과 창조하는 능력을 믿었고, 그 '창조력' 이야말로 하나님의 모상이고 이 세계를 어떠한 비참에서도 다시 구할 수 있는 하나님의 능력이라고 신뢰했습니다. 그는 예술가들이 작품을 만들어서 이 세상을 좀 더 영속적인 곳으로 '가꾸어 내듯이'(agriculture), 우리의 신앙은 그리스도를 "신뢰의 그루터기"로 삼아서 영원성의 나라로 창조해 내야 한다고 보았습니다. 그렇게 신학자 이신은 그의 '영원성'(eternity)과 '창조성'(creativity)에 대한 흔들림 없는 믿음과 사랑으로 한 사람의 '문화' 신학자가 되어서 우리에게 말을 걸어옵니다.

5

사시는 동안 변변한 책상이나 연구실도 없이 '고독'과 '저항'의 신학자로 사셨던 아버지의 일을 전하는 것은 지금까지 주로 우리 가족의 일이었습니다. 그러나 이번 기회를 통해서 그의 삶과 사상을 보다 넓고 보편적인 공적인 세계에 내어놓고자 합니다. 그동안 저희는 미약하나마 "뜻을 잘 잇고, 일을 잘 전술하는 일"(善繼人之志, 善述人之事者)이야 말로 '어버이에 대한 사랑'(孝)이라고 믿어서 그 뜻과 일이 잘 이어지고 전술되기를 바라왔습니다. 서두에서 이야기한 젊은 극단 '크리에이티브 바퀴'의 일도 그중의 하나인지 모르겠습니다. 이번 학술 잔치를 기해서 아버지의 이야기가 보다 공적으로, 보다 널리 이어지고 전술되기를 감히 바라봅니다. 이런 일 가운데 저희는 주로 '상속자'였을 뿐이지만, 이제 진정한 평가와 판단의 일은 사심 없는 '관객'(spectator)으로 오신 여러분의 몫일 것입니다.

우리 삶에서의 '문화'란 그러한 사심 없는 평가와 판단이 쌓여서, 거기서 '전통'과 '권위'가 자라고, 그 일을 통해서 '영원'의 모습이 이 땅에 조금이나마 체현될 때 가능해지리라 생각합니다. 저희 육신의 아버지 이신의 삶과 사상도 그렇게 한국의 신학 속에서 하나의 '전통'이 되고 '문화'가 되기를 소망합니다. "뜻을 품고 있는 것은 마음에 통증을 가지고 있는 것과 같다"(持志如心痛)라는 양면의 이야기가 있습니다. 그러나 한편으로 그 통증이 더 깊은 희락으로 표현되고, 참으로 여러 가지의 창조물로 나타나며, 그래서 많은 고통에도 불구하고 기초적이고 본래적인 정조는 '유희'이고 '희락'인 사람이 있었습니다. 아버지가 그런 모습이었다고 생각합니다.

그러한 아버지를 초대해 주시고, 그 일을 위해서 수고해 주신 모든 분, 문화신학회 임원진들과 회원들, 감신대 통합학문연구소, 주말의 시간에 많은 일을 뒤로 하고 기꺼이 참석해 주신 여러 어르신과 친지들, 신학자 동료, 친구, 제자, 친척 모든 분께 우리 가족이 함께 깊은 감사의 인사를 드립니다. 이제 마무리하는 말로 저에게 언제나 새롭게 감동을 주는 18세기 인류 민중의 보편적인 교육과 문화를 위해 인생을 걸었던 스위스 페스탈로치(H. Pestalozzi, 1746~1827)의 다음과 같은 시적 글귀를 읽어드리며 마무리하고자 합니다.

> 나는 여기 그 이상을 원했던 한 인간을 알고 있습니다. 그 안에는 순진과 무구의 기쁨이 놓여 있었고, 아주 소수의 죽을 운명의 인간만이 알고 있는 인간에 대한 믿음이 있었습니다. 그의 가슴은 친절을 위해서 만들어졌고, 사랑과 신뢰는 그의 본성이었으며, 가장 은밀한 내면이었습니다. 그러나 그는 결코 세상의 작품이 아니었고 세상의 어느 구석에도 맞지 않았습니다. 세상은 그를 발견하고서 그의 죄 때문에, 또는 다른 사람의 죄 때문인지는 몰라도 그를 쇠망치로 부숴버렸고, 마치 미장이가 쓸모없는 돌을 보통인 돌로 쓰려고 깨는 것과 같이 그렇게 깨버렸습니다. 그는 깨어지고 죽어가면서도 자기 자신에 대한 믿음보다 인간에 대한 믿음을 더욱 가지고 있었고, 소수의 죽을 운명의 인간만이 알고 있는 한 목적을 위해서 노력했습니다. 그는 일반적으로 소용되는 사람은 아니었지만, 또한 그 자신도 그것을 원하지 않았지만 바로 자신의 목표를 위해서는 어떤 다른 사람보다도 더한 사람이 되었습니다.[1]

---

[1] J. H. Pestalozzi, *Auswahl aus seinen Schriften*, Bd. 1, Hrg. von A.Bruelmeier (Bern/Stuttgart, 1977), 278-279.

『환상과 저항의 신학 — 李信의 슐리얼리즘 연구』 출판을 기념하며*

이렇게 2012년 시집 출간 후 5년 만에 다시 선친 이신 목사님과 관련한 출판기념회를 열 수 있게 되어서 한없이 기쁘게 생각합니다. 먼저 이 일을 가능하게 해 주신 하늘의 부모님께 감사드리고, 함께 수고해 주신 모든 분께 심심한 인사를 드립니다. 원래 이 책은 35주기(2017년)를 기해서 계획된 것이었습니다. 지난 2012년 30주기를 기념하여 『돌의 소리 —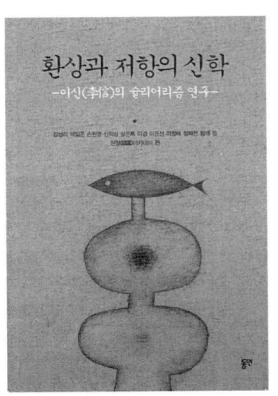
李信 시집』을 펴낸 이후 또 다른 기획이었으나 이렇게 늦어졌습니다.

그런데 막상 오늘에 이르고 보니 이 책의 출판의 의미가 더욱 살아

---

* 2017년 9월 22일 서울 남산 U.H.M.갤러리.

나는 것 같습니다. 이 출판기념회를 "시대를 앞선 종교개혁자 이신을 말하다"라고 명한 데서도 잘 드러나듯이, 올해(2017년)는 특히 개신교 루터 종교개혁 500주년을 기념하는 해입니다. 올 한 해 내내 이를 기해서 국내외에서 여러 행사가 열리고 있고 여러 각도로 한국교회의 개혁을 위한 탐색들이 일어나고 있는데, 이신의 삶과 '환상과 저항의 신학'이야말로 바로 한국교회의 개혁을 가장 염두에 둔 시도입니다.

이 책은 이신 자신의 글과 말을 묶어낸 것이 아니라 그의 작업에 대한 후학들의 연구라는 점에서 특히 새로운 의미가 있다고 하겠습니다. 한국문화신학회에서 『소수자의 신학』이라는 책을 펴냈는데, 이신 이야말로 한국 신학계와 기독교계, 예술계에서 소수자 중의 소수자로서 짧은 생을 사셨고, 그래서 그의 삶과 신학, 예술이 잘 알려져 있지 않지만, 오늘 그 작업에 대한 본격적인 연구와 기림이 이루어져서 이렇게 첫 열매를 내게 된 것입니다.

얼마 전 출간한 책으로 세계 출판계를 뜨겁게 달군 유발 하라리를 비롯해서 국내외 온갖 영역의 화두가 '상상'(理)과 '믿음'(氣), '신뢰'(信) 입니다. 그런데 이신은 이미 그의 20대, 즉 1940~1950년대부터 같은 화두를 붙잡고서 그림으로써, 시와 신학으로써, 목회로써 자신의 시대를 위한 소수자의 환상과 저항을 외쳤습니다. 이번에 저술을 맡아준 저자 분들의 면면은 바로 그의 활동이 그러했듯이 미술평론가, 시연구가, 문화연구가, 신학자, 목회자 등 다양합니다. 저자들은 이신의 많지 않은 자료들을 진주 조개잡이 하듯이 소중히 탐색해서 의미를 엮어주셨고, 그 가운데서 오늘 우리 시대의 가장 뜨거운 주제들과 더불어 소통하고자 했습니다.

저를 포함해서 저자들 중 일부는 가족이면서 동시에 연구자로서 참여했는데, 이 일은 여전히 쉽지 않고 아픔이기도 했습니다. 정작 자신의 부모 이야기를 한다는 것은 여전히 주저함이고 떨림이며 부끄러움이기 때문입니다. 그만큼 자신의 속살도 함께 드러내야 하기 때문이지요. 그럼에도 불구하고 이번에는 조금 더 나아갔다고 말씀드리고 싶습니다.

혹자는 소수자의 특성으로 보편화할 수 있는 능력을 들었습니다. 남들이 알아보지 못하는 숨겨진 보편성을 찾아내어 그것으로 그때까지 각종 분파와 분열로 서로 나뉘어져 있고 서로를 소외시키며 싸우는 현실을 더 크고 보다 근원적인 보편성으로 함께 묶어내고자 하는 열정과 이해, 감수성을 말합니다. 이신은 '한국그리스도의교회'와 인간의 '신뢰성'(信)이라는 큰 보편성을 가지고 지금까지 교파와 이데올로기와 각종 차별로 서로 나뉘어 있는 한국교회와 사회를 크게 하나 되게 하고자 했습니다.

이번 출판은 이와 같은 이신의 정신적 유산을 한 축으로 해서 막 활동을 시작한 대안 연구 공동체 '현장(顯藏)아카데미'와 그의 생전의 유고와 그림, 책과 각종 유산들을 보살피고 있는 가족들이 중심이 된 '이신아카이브'(Lee Shin Archive)에서 주관했습니다. 그리고 그의 유고집과 시집을 이미 낸 바 있는 동연출판사에서 이번에도 수고를 맡아주셨습니다. 이제 다음 일로 저희는 그의 그림 전람회와 도록을 내는 일을 계획하고 있습니다. 이렇게 좋은 장소를 내어주신 엄갤러리와의 인연으로 그런 계획이 더욱 현실화되는 것 같아서 기쁩니다. 아무쪼록 이 한 권의 책이 오늘 심각한 갈등의 땅 한반도에서 참된 화해와 통일, 치유를 위한 좋은 계기가 될 수 있기를 간절히 기도하며, 다시 한번 수고해 주신 모든 분께 감사의 인사를 드립니다.

3부

이신 李信과
한국 信學

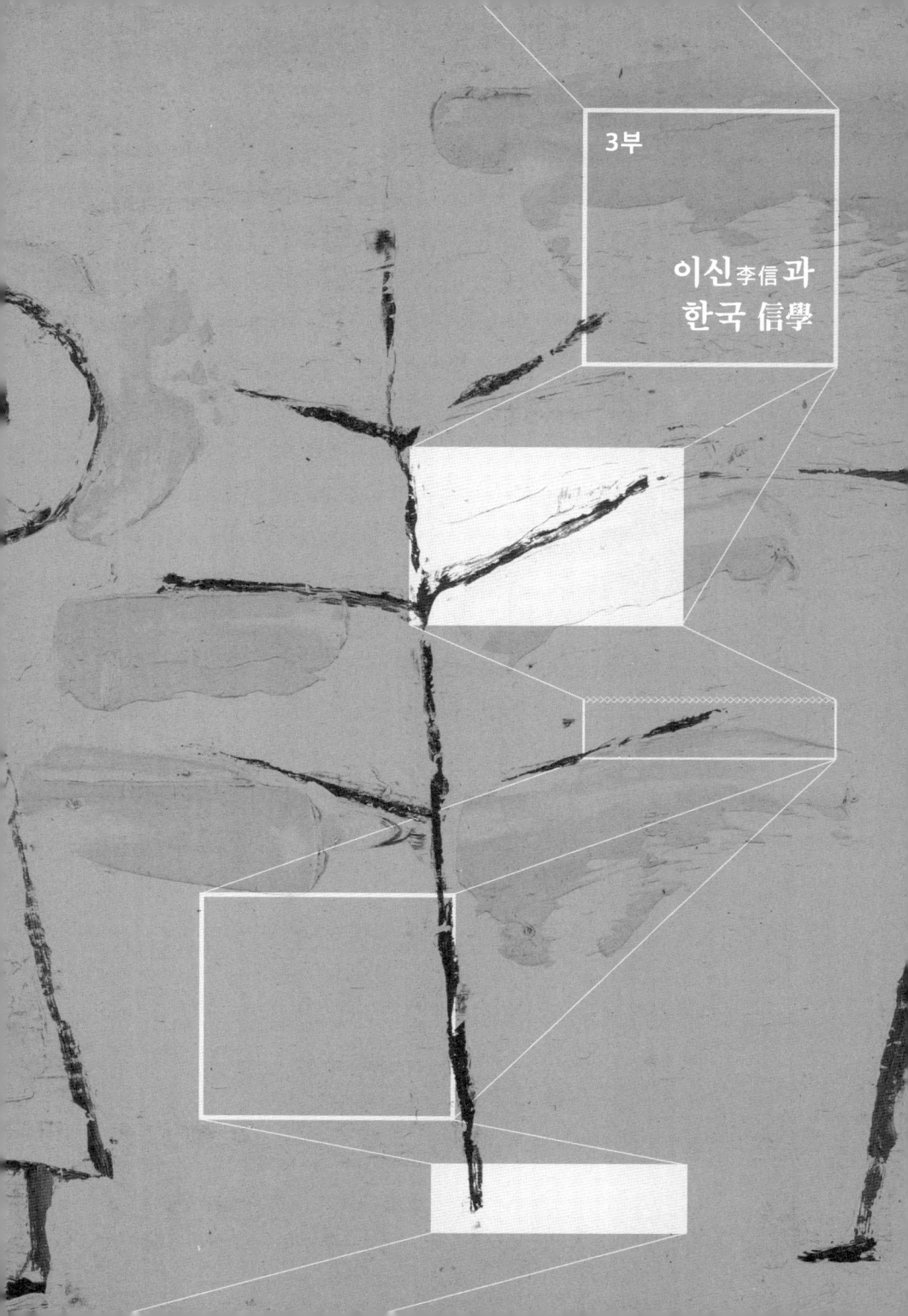

이신 서거 40주기 『李信의 묵시의식과 토착화의 새 차원』의 출간에 기하여*

1

이 책은 나에게는 육신의 아버지가 되시는 故 이신(李信, 1927~1981) 목사님 소천 40주기를 맞아서 그 정신적 후예들이 그가 남긴 신학과 시, 그림으로 그를 다시 만난 것을 그린 책이다. 이 말을 써놓고 보니 그렇게 친절하게 들리지 않는다. 아주 밋밋한 설명이 된 것 같다. 왜냐하면 유사한 일은 우리 주변에 많이 있어 왔고, 이 말로써 돌아가신 지

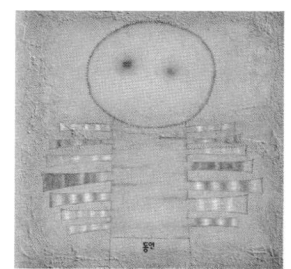

---

* 2021년 11월 24일.

40년이나 되는 분에 대해서 왜 오늘과 같이 힘들고 그렇지 않아도 할 일 많은 때 그를 다시 소환하는가가 잘 설명되지 않기 때문이다. 그리고 한 인물에게서 이렇게 신학과 시, 그림을 모두 같이 돌아본다는 것이 과연 가능하기는 한가 하는 의구심이 들기 때문이다. 이러한 물음과 의심이 전부 과한 것은 아니지만, 앞으로 이 책을 펴서 읽는 독자들은 그것이 그렇게 현명한 질문은 아니었다는 것을 발견할 것이다. 아니, 거기서 더 나아가서 이 책을 읽는 분들이, 비록 오늘날 활자로 읽는 일이 점점 더 어려워지고 희귀하게 되어 간다 하더라도, 한 번 더 인내심을 내고 조금 더 찬찬히 그리고 천천히 읽어간다면, 오늘 왜 이 책이 저술되었는지 그리고 어떻게 오늘 우리 시대가 진정 이신을 새로 필요로 하는지를 스스로 발견해 낼 수 있으리라 믿는다.

오늘 우리 시대에 종교, 특히 한국 개신교는 참으로 웃음거리가 되었다. 한국 땅에서 기독교가 그렇게 치부되고 희화화된 것이 단지 오늘 일은 아니지만, 전 세계적으로 환호를 받는 넷플릭스 드라마 <오징어 게임>이나 <지옥> 등에서도 기독교 신앙이나 믿음의 일이 더 이상 어떤 저급한 추락을 더 생각할 수 없는 정도까지 된 것 같아서 부끄럽다. 재독 한국 철학자 한병철의 『리추얼의 종말』(*Vom Verschwinden der Rituale*)은 서구 기독교 본고장 유럽에서, 오늘 인류 근대 자본주의와 신자유주의가 몰고 온 노동과 자아의 과잉, 현세주의 쾌락의 넘침 속에서 어떻게 리추얼과 종교가 사라지고 대신 개별적 욕망과 소비, 끝없는 생산을 향한 노동 강제가 만연하는지를 잘 서술해 주었다. 거기에는

'링크'(link)는 있지만 '소통'과 '관계'가 사라지고, 끝없는 자기 착취 속에서 쉼과 축제가 없어지고, 그로써 인간 공동체가 크게 위기에 빠졌음을 말한다. 이에 대한 저항으로서 그는 다시 우리 삶에서의 진정한 '선험성' 또는 '조건성'과 높은 곳(hoch)의 차원, 공손과 공경의 예(禮, 리추얼)의 소환을 말한다. 다시 함께하는 '고향'과 '집'의 회복을 꿈꾸는 것이다.

2

이신의 묵시 의식은 이미 20세기 중반부터 자본과 현세의 욕망과 자아주의의 분열 속에서 타락해 가는 기독교 신앙을 고치기 위해 그 탄생부터 검토해 보길 원했다. 신구약 중간기 유대 묵시문학기에서 태동한 기독교 복음의 역동성과 창조성을 다시 회복해서 그 시대적 역할을 할 수 있기를 바란 것이다. 특히 그 복음이 한국 땅에 온 것을 감사하며, 그러나 그것이 참으로 우리 땅과 잘 화합해서 진정한 화해와 평화, 해방의 메시지로 거듭나기를 원했다.

그 일을 위해서 그가 천착한 언어가 '영'(靈)이고 '믿음'(信)이다. 오늘 40년이 지나서 그러한 그의 사고와 삶의 흔적을 우리는 이신의 '묵시 의식'과 '토착화'의 새 차원이라는 두 가지 지평의 일로 간추려서 표현하고자 했다. 그런데 참으로 경이롭게도 이신은 그렇게 시대를 뛰어넘는 영적 감각과 판단, 비전을 단지 우리가 좁은 의미로 생각하는 종교나 신학의 언어만이 아니라 참으로 '세간적'(世間的)으로, 좀 더 보편적인 이 세상의 언어로 표현하고자 했다는 것이다. 즉, 그의 시와 그림과 글씨의 언어를 말하는 것이며, 그 일에서 나름 성취를 이루었다는 것을 이 책의 저자들은 보여준다.

이렇게 우리는 그를 진정 한국 사상사에서 고유한 동서 통합의 묵시 사상가이고, 그 일을 통해서 누구보다도 자신의 현실을 아파하며 거기서의 화해와 화평을 구했다는 것을 보여주는 창조적인 통섭의 사상가로 드러내기를 원한다. 그래서 '이신 40주기 준비위원회'라는 모임을 구성했고, 2020년 9월 24일 20여 명의 위원이 만나서 함께 공부했다. 같이 모인 사람 중에는 신학자뿐 아니라 문학평론가, 미술평론가, 이신의 옛 제자 목회자들이 있었고, 이후 여러 기회에 모임은 점점 커졌다. 모인 사람들은 그가 남긴 유고들을 같이 읽으면서 그를 알아가고자 했다. 『슐리얼리즘과 영(靈)의 신학』(1992/2011), 『환상과 저항의 신학 — 이신(李信)의 슐리얼리즘 연구』(2017), 『李信 詩集 돌의 소리』(2012) 그리고 그가 생전 펴낸 젊은 시절의 설교집 『산다는 것·믿는다는 것』(1797) 등이 텍스트였고, 거기에 그의 번역서 러시아 사상가 베르댜예프의 두 저작 『노예냐 자유냐』(1979/2015), 『인간의 운명』(1984)이 있다. 또한 그 가운데서 이미 지난 10월에 한국 땅에서 첫 번째로 열렸던 그의 유고 그림 전시회의 유작 회화들도 있었고, 막내아들 이경 목사가 그동안 이신의 유고에서 펴내지 못한 몇몇 중요한 문서들을 '이신 목사 유고 목록'으로 엮어주어서 함께 참조하였다. 이렇게 해서 마지막 저자로 남은 사람들은 공동 공부를 마친 후 올해 7월 말까지 네 차례에 걸쳐서 '故 이신 박사 40주기 단행본 출간을 위한 신학콜로키움'을 열면서 자신들의 글쓰기 계획을 발표했고, 거기서 서로의 글 구상에 대한 토론을 거쳐 오늘의 글이 완성되어 책으로 선보이게 된 것이다.

3

이러한 과정을 거쳐서 모인 열한 편의 글은 총 4부로 나뉜다. 서로 학문 영역이 다르고, 연륜이 다르며, 이신과 그의 시대 그리고 오늘과 앞날을 이해하는 관점과 강도가 다르지만, 앞에서도 지적한 대로 모두 큰 틀에서는 현재에 대한 반목과 저항인 '묵시 의식'과 앞날에 대한 상상과 희망인 '토착화'로 엮어질 수 있다고 보았다. 그 가운데서 서론 내지는 총론 격인 1부에 우선 이정배의 글이 있다. 이 글은 "한국신학 광맥 다시 캐기"라는 부제가 잘 밝혀주는 대로, 지금까지 잘 드러나지 않고 감추어져 있었지만 이신의 신학과 삶의 실행은 한국 신학, 특히 감리교 신학 계통에서 이제까지 인지하지 못한 또 다른 놀라운 광맥을 이루고 있다는 것을 웅장하게 밝혀준다. 그것은 유동식 류의 "토착화신학"이나 김창준 류의 "기독교사회주의" 운동과 같은 차원에서의 제3의 맥이 아니라, 오히려 거기서 더 나아가서 그 둘을 함께 창조적으로 통섭하고 통합해서 앞으로의 한국 기독교와 신학이 나아갈 새로운 방향타 역할을 할 수 있다고 판단하는 것이다.

이어지는 본인 이은선의 글은 좀 더 긴 한국 사상사적 안목에서 이신의 사고를 자리매김하고자 했다. 그리고 그 미래 역할도 단지 기독교나 교회, 종교 안에서의 그것이 아니라 훨씬 포괄적이고 보편적인 의미로 인류 문명사의 관점에서 오늘의 '인류세'(Anthropocene)의 한계를 넘을 수 있는 한국적 보고(寶庫)로 살피고자 했다. 특히 신유교 전통에서의 퇴계 선생이나 이후 동학의 최제우, 한국적 역(易)의 창시자 김일부의 『정역』(正易) 정신과 연결 지으면서 그 미래적 역할을 전망했다. 한국적 묵시문학가로서의 이신의 '영(靈)의 신학'이 담지하고 있는 인간 의식과 인식에 대한 근본적인 물음들을 유교와 기독교의 대화에서 나온 한국 '신학'(信學)과 '인학'(仁學)의 관점에서 언술하며 그의 문명 정신사적 자리를 살핀 것이다.

4

2부 세 편의 글은 이신 슐리얼리즘 신학이 어떻게 신학적으로 더욱 섬세하게 관찰되고 전망되어서 앞으로 새로운 차원의 한국 신학으로 재탄생할 수 있는지를 보여준다. 최근 한국 신학계에서 고대 영지주의 연구로 주목받고 있는 신약학자 조재형의 글은 이신이 늦은 나이에 미국으로 유학 가서 수행한 유대 묵시문학 연구가 기독교 복음과 고대 영지주의와의 연결과 관계에 주목한 것을 매우 선취적인 의미로 해석한다. 기독교 복음의 모체로서의 유대 묵시문학 현상에 대한 포괄적이고 인문학적 성찰을 겸비한 이신의 연구는, 그리하여 50여 년이 지난 오늘날에도 한국 기독교가 여전히 빠져 있는 자기 폐쇄적인 근본주의 신앙과 이 세상적 물신주의에 대한 강한 경고로 읽힐 수 있다고 지시한다.

다음의 기독교 종교학자 이명권의 글은 동양 미학, 그중에서도 특히 도교적 무위(無爲) 이해에서 출발해서 노자, 맹자, 장자로부터 각기 고유한 '망' 이해, 즉 '노자-望, 맹자-網, 장자-忘'을 얻어서 이신의 슐리얼리즘의 신학과 그의 시들을 해석한다. 저자 이명권 박사는 이신이 그의 슐리얼리즘 서술에서 그러한 20세기 서구적 "슐리얼리즘 선언"은 어쩌면 이미 오래전에 동양의 지자들이 '무언지교'(無言之敎)의 묘로서 발설한 것이었는지도 모른다고 언술한 것을 기억하며, 매우 참신하고 고유하게 이신의 슐리얼리즘 신학과 예술이 동아시아 정신과 깊이 연결될 수 있음을 보여준다.

마지막으로 최대광은 이신과 발터 벤야민의 사고를 함께 "초현실주의 신학 프로젝트"라는 제목 아래 연결시킨다. 매우 의미 함축적이고 시의적절한 해석 구도라고 여겨지는데, 이것은 이신과 벤야민 모두 비록 그들이 좁은 의미로는 영적 신학자와 유물론적 철학자로 나뉘지만, 둘 다 모두 초현실주의 예술(회화와 문예)의 정신으로써 통상적으로는 둘로 나누어져 추구되는 신과 세상, 초월과 내재, 정신과 물질, 종교와 예술 등의 차원을 불이적(不二的)으로 함께 긴밀하게 포괄하고자 하는 묵시 사상가들이었기 때문에 가능한 것으로 본다.

5

　3부는 이신의 시에 집중해서 그의 삶과 사고를 살펴본다. 맨 처음 저자 김성리는 이미 2017년 이신에 대한 첫 번째 연구서인 『환상과 저항의 신학』에 함께했었다. 이번에는 특히 이신 시를 "현상학적"으로 살피고, 거기서 발견한 이신의 시는 그에게 "자신의 신학적 사유를 나누어 가지는 '향유'의 장"이자 "고달픈 역사적 삶을 치유하는 놀이터"가 되는 것을 보았다고 밝힌다. 이신이 생전에 쓴 시중에서 남겨진 38편의 시는 그 전체가 하나로서 한 존재를 이룬다고 해석하는데, 모두가 "진리를 찾아가는 구도의 과정"에서 나타나는 깊은 묵시 의식과 초월 의식을 그린 것이라는 놀라운 관찰을 토로한다.

　저자 스스로가 시인이고 신학자이면서 성공회 신부인 최자웅은 이신의 "내면세계" 탐구를 특히 그의 시 작품에 나타난 "예술적 파토스와 구도적 누미노제의 지향(志向)"을 고찰하는 것으로 수행한다고 밝힌다. 참으로 웅장하고 열정적인 기도인데, 시작 부분에서 이신과의 첫 개인적인 인연을 충실히 소개하기도 한다. 이어서 이신의 38편 시와 마지막 부분에서 슐리어리즘 회화까지 연결해서 탐구해 나가는 과정은 거기에 이신과 연결해서 소개되는 수많은 한국 현대 시인들의 면면을 보더라도, 마치 한 편의 현대문학사를 섭렵하는 것 같은 울림을 준다. 이신과 앞뒤로 유사한 생애의 시간을 산 수많은 한국 문학가들, 『광장』의 작가 최인훈을 필두로 해서, <님의 침묵>의 한용운, <내 마음은 호수요>의 작사가 김동명, <광야>의 이육사, <풀>의 김수영, <시인공화국>의 박두진, 김현승, 마지막으로 <하늘과 바람과 별과 시>의 윤동주 등이 저자 최자웅 신부가 함께 논하는 시인들인데, 이것으로써 우리는 저자가 이신 시의 사상 체계를 어느 정도로 웅대하고 시대의 고통과 아픔, 그것을 넘어서고자 한 지극한 구도의 수행으로 해석하는지를 볼 수 있다.

   3부의 마지막 이혁의 글도 참으로 고유하다. 저자 이혁은 저술 등의 학문 활동을 하기보다는 시골 교회 목회자로서 평소 기타를 치고, 노래를 만들고, 소박한 사람들과 아이들과 참 잔잔한 삶을 사는 분으로 알고 있는데, 이번에 이신의 시를 가사로 해서 노래를 만들고 글을 쓰게 되었다. 이신은 살아생전 소위 우리가 '민중'이라고 부르는 사람들과 아주 가까이 살았다. 미국 유학 시절에는 장애아동들의 미술 캠프에 가서 그들과 소통하며 창작을 지도했고 한국에 와서도 유사한 활동을 이어갔다. 이런 모든 인연 때문인지 저자는 이신이 "나에게로 왔다"라고 하면서 여섯 편의 시를 골라서 그것을 깊이 감상하며 노래로 만드는 놀라운 과정을 소개한다. 그중에서도 특히 이신이 유학 중에 딸의 사망 소식을 듣고 쓴 시 <딸 은혜(恩惠) 상(像)>의 노래는 참으로 우리를 울컥하게 만들고, 지금은 거의 잊힌 '은혜 언니'를 다시 우리에게 데려다 준다는 점에서 특히 아리게 다가온다.

6

 마지막 4부는 이신의 그림과 예술 신학에 대한 글이다. 첫 번째 저자가 심은록 박사인데, 이미 지난 10월 16일부터 인사동 도화아트갤러리에서 있었던 한국에서의 첫 번째 이신 유고 그림 전시회 "이신 SR@XR - 초현실이 XR을 만나다"에서 기획자로 역할 했고, 그 오픈식에서 이신 회화의 한국 미술사적 의의를 경이롭게 밝혀주었다. 이번 글은 오픈식 발표에서 다 하지 못한 내용을 소상히 전해주는데, 정말 경이롭고 감탄스럽다. 우리가 익히 들어온 대로 이신은 특히 미국 유학 시절 그곳에서 10여 차례 개인전을 열 정도로 화가로서 활동했다. 하지만 한국에 돌아와서는 그런 기회를 얻지 못했으며, 급작스러운 소천 이후에도 40년이 지나도록 그는 화가로서보다는 신학자로서 자리매김되어 왔기 때문에, 여기서 저자 심은록 박사가 밝혀주는 것처럼 그의 회화가 그러한 미술사적 의미가 있다는 것을 우리로서는 상상하기 어려웠다. 저자 심은록 박사는 먼저 한국 미술사에서의 초현실주의의 척박한 위상을 살핀다. 그런데도 그곳에서도 거의 알려지지 않은, 그렇지만 일생 초현실주의 그림만을 그린 이신의 그림이 앞으로 어떻게 이 미술사의 지형을 바꿀 것인지를 시사한다. 이후 이신이 손수 쓴 몇몇 이력서나 미국에서의 활동으로 남은 신문 기사, 전시회 사진과 그림 가격표 등을 근거로 이신의 화가로서의 활동을 크게 도미 이전, 도미 기간(1966~1971), 귀국 후로 나누어서 한국 미술사나 미국이나 서구의 미술 경향과 연결하여 마치 탐정이 비밀을 밝혀내듯이 이신의 화가로서의 활동과 성과들을 유추해 내는데, 놀라울 따름이다. 마지막으로 특히 21세기 오늘날 메타버스 등의 '확장 현실'(XR, eXtended Reality)의 시대에 이신이 슐리얼리스트 신학자로서 "상상력의 부패"를 강하게 경고하며 제시했던 신학과 믿음과 예술의 길이 미래의 세대를 위해서 의미 있는 모델이 될 수 있음을 말한다.

두 번째로 경기도 미술관 학예연구가이면서 미술평론가인 김종길의 "이신(李信)의 '님' 회화론"도 매우 독특한 글이다. 원제가 "'하나'로 솟난 감흥의 신명"인데, 이 제목에서도 드러나듯이 특히 다석(多夕) 유영모 선생의 언어와 세계를 통해서 이신의 회화를 살핀다. 이것은 이신의 사고와 그림, 시 등이 어떻게 한국 사상 속에 깊이 뿌리박힌 것으로 이해될 수 있는가를 보여주는 또 다른 예라고 할 수 있다. 마무리에서 저자는 이신의 신학적 삶과 미학적 실천을 성리학(性理學)의 '도학'(道學), "길공부"의 길과 합류한 것으로도 해석하는데, 이러한 관점은 앞으로 더 세밀한 관찰을 요하는 매우 함의적인 언술이다.

4부 마지막 글은 하태혁의 "묵시적 초현실에 비친 자화상"이다. 이 글도 3부 시 부분의 이혁의 글처럼 농촌에서 예술을 생활화하고 있는 목회자의 글이다. 저자는 시작하는 말에서 이신의 묵시적 초현실의 미술 작품을 일종의 "보는 묵상"을 통해서 하나님을 만나고 오늘날 교회의 존재 이유를 깨닫게 되는 통로로 경험하는 일을 말한다. 그런 가운데서 저자는 스스로 이신의 다섯 작품에 대해 수행한 깊고 섬세한 묵상의 결과를 참으로 진술하고 따듯하게, 그러나 날카로운 자아 성찰과 관련된 질문들과 함께 풀어낸다. 놀라운 '평민', 온갖 한계와 경계를 뛰어넘는 기독교 영성가의 묵상이 어떤 것일 수 있는지를 명징하게 보여준다.

7

최근에 읽게 된 시인 나희덕의 『예술의 주름들』은 "예술이란 얼마나 많은 주름을 거느리고 있는가"라고 하면서 한 예술이 탄생하기 위해서, 한 예술가적 삶이 가능하기 위해서 그 안에 얼마나 많은 주름과 상처, 일렁임이 있었겠는지를 발설한다. 그 언술을 읽으면서 나는 이신의 삶과 예술을 생각했고, 정말 그렇다고, 그 안에 무수히 많은 주름과 상처들이 겹겹이 쌓여 있으며, 진정 그럴 것이라고 다시 생각했다. 그런 것들을 끝없이 뒤로 하면서 아버지 이신은 또 다른 세상을 그렸고, 아니 그리고 그리워한 것만이 아니라 위의 저자들이 다양하게 명시하고 또한 상상한 대로 그것을 자신의 몸으로, 자신의 사귐과 웃음으로, 애정과 친절과 유희의 몸짓으로 밝혀내고 살아내고자 무진 애를 쓰셨다. 그런 그가 가신 지 40년이 지나가지만, 아직도 여전히 아쉽고 계속 그의 말소리와 발소리, 웃음소리가 들리는 것 같다. 올해(2021) 탄생 100주년을 맞이해서 곳곳에서 소환되고 있는 시인 김수영은 "높은 윤리감과 예리한 사회의식에서 태어난 소박하고 아름다운 고도한 상징성을 지닌 민중의 시"를 최상의 시로 꼽았다고 한다(이은정, 『김수영, 혹은 시적 양심』). 이런 김수영에 대한 평을 읽으면서 또다시 아버지 이신을 생각했다. 김수영은 '지식인-시인'에 대한 자의식을 "선비, 사도(使徒), 순교자, 혁명가" 등으로 강하게 의식하며 방황했다고 한다. 다시 슐리얼리스트 영(靈)의 신학자, 시인, 목회자이자 화가였던 아버지 이신도 유사한 범주의 저자가 아니었나 하는 생각을 한다.

8

이런 이신의 40주기를 기릴 수 있게 지금까지 함께해 주신 모든 분께 심심한 감사를 드린다. 40주기 준비 모임을 구성해서 음으로 양으로 함께 맞들어 주신 여러분, 이 책 열한 명의 저자 모두의 수고는 말할 것도 없지만, 오늘이 있기까지 공부 모임을 뒷받침해 주시고 응원해 주신 어른들, 선생님들, 친구와 제자들이 있었고, 마지막으로 가족들이 있었다. 지금까지의 여러 기림에서처럼 미술의 길을 간 언니 이은화 가족들의 함께함이 있었고, 큰아들 이윤 원장 가족의 전폭적인 뒷받침과 사랑하는 동생 태순의 따뜻한 도움이 옆에 있었다. 저자들 중에서 최자웅 신부님은 늦게 그룹에 합류했지만, 정말 열정적으로 이신을 탐독하며 길고 강한 글을 주셨고 또 이번 기회를 통해서 이신의 시가 노래로 나올 수 있도록 한 이혁 목사님, 심은록 박사님의 발로 뛰고 온갖 마음으로 써 내려간 이신 미술에 대한 연구 그리고 글 마무리 단계에서 아내 사모님이 큰 사고를 당해서 위급한 상황이었지만 그 가운데서도 원고를 마무리해 주신 하태혁 목사님이 그동안 우리 信연구소나 연구 활동을 위해 애써주신 역할을 잊을 수 없다.

작년(2020년) 7월 13일 '한국信연구소'를 정식 개소해서 아버지 이신의 믿음(信)을 토대로 그것을 한국 '신학'(信學)과 '인학'(仁學)으로 다듬으며 그동안 더욱 깊어진 코로나 팬데믹의 묵시를 한국 토착화 여성신학으로 마주하고자 했지만, 갈 길은 아주 멀어 보인다. 이런 모든 일에 항상 도서출판 동연이 함께 있었다. 이번에도 역시 동연의 김영호 대표님과 그분의 충실한 동반자들이 함께해 주셨다. 말로 다할 수 없는 감사를 드리고 싶다. 그리고 가장 가까이서 남편 이정배 교수와 동생 이경 목사는 항상 앞서거니 뒤서거니 하며 함께해 왔다. 거기에 무슨 말을 더할 수 있을까? 올 1년 이러한 모든 일을 앞에 두고 하늘에 계신 아버지 이신(李信)과 엄마 정애(鄭愛) 여사의 이름을 자주 불렀다. 하지만 불초한 딸의 무지한 무감각과 완고함, 오그라듦이 날로 더 심해져만 가는 것 같아 한없이 부끄럽다. 어떻게 거기서 벗어날 수 있고, 그래서 믿을 수 있으며, 깨어난 영으로 거듭날 수 있을까? 그래도 마지막 말은 우리 집에 새로 탄생한 아기들을 생각하며 다시 '천은감사'(天恩感謝)를 말해야 할 것 같다.

이신 서거 40주기 추모 예배 및 출판 기념*

이렇게 어려운 시기에 故 이신 목사님 40주기를 맞아 원근 각처에서 찾아주셔서 감사드립니다. 두 달 전 이신 유고 회화전을 치를 때만 해도 이쯤 되면 상황이 나아질 것으로 생각했지만, 그렇지 못한 가운데 여러분을 모시게 되었습니다. 정말 송구합니다. 그래도 조금 전 이윤 원장이 인사드린 것처럼 저희로서는 이런 행사를 치를 수 있게 된 것이 감개무량하고 감사한 마음이 큽니다.

이미 받으신 책의 서문에도 쓴 것처럼 지난해 가을 저희 유족과 '한국信연구소'는 '이신 40주기 준비위원회'를 구성했습니다. 거기에는 서로 다른 교단에서 일하신 이신의 몇몇 옛 제자가 있었고, 몇 분야의 신학자와 목회자, 문학가, 미술평론가 등이 있었습니다. 저희는 이때부터 이신이 남긴 작품을 함께 공부했고, 공동 공부가 끝나고 저자로

---

* 2021년 12월 11일 종로5가 기독교회관 조에홀.

남은 사람들이 네 차례에 걸쳐서 '故 이신 박사 40주기 단행본 출간을 위한 신학콜로기움'을 가지면서 서로 듣고 토론하며 각자의 글쓰기를 준비했습니다. 이 자리를 빌려 다시 한번 마련된 자료들이 충분치 않음에도 불구하고 귀한 책으로 마무리해 주신 저자들께 심심한 감사를 드립니다.

이신이 가신 지 40년이 되었습니다. 길다면 길고 짧다면 짧은 시간이지만, 저희로서는 그분의 일찍 가심이 여전히 너무 아쉽고, 특히 오늘 삶의 곳곳에서 사실적 종말 이야기가 난무하니 더더욱 그렇습니다. 그분은 가시면서 특히 "한국 역사 현장에서 예수 그리스도는 화해의 주체자"가 되신다는 것과 "인간관계에 화해가 없으면 하나님과의 화해는 무의미"하다고 역설하셨습니다. 그런데 지금 우리 현실은 모든 영역에서, 우리 개인의 일상뿐 아니라 대한민국의 현실, 남북 분단과 그를 둘러싼 세계 정황이 오히려 그 반대로 가고 있는 것 같아 너무 아픕니다.

이신은 일찍이 시대에 대한 예민한 묵시 의식과 그를 넘어서고자 하는 간절함으로 "슐리얼리즘의 신학"이라는 언어를 가져왔습니다. 그것을 "영(靈)의 신학"으로 풀면서 "새 술에 취하는" 일에 대해서 말했습니다. 그리고 그 일은 누구에게나 열려 있어서 "누구나 시인이 될 수 있고 누구나 신학자가 될 수 있다"고 했습니다. 그렇게 온갖 갈등과 분쟁, 분당을 넘어 새로운 환상의 세계가 가능하도록 새로운 술에 취하는 일이 과연 무엇인지의 물음을 가지고 열한 명의 저자가 씨름한 결과가 『이신의 묵시의식과 토착화의 새 차원』입니다.

이 책이 있기 전에 지난 40년 동안 유족이 중심이 되어서 마련한 몇몇 책이 있었습니다. 10주기를 기해서 그의 박사학위 논문 번역과 함께 대표적인 글을 모아서 『李信의 슐리얼리즘과 靈의 신학』(종로서적, 1992)을 펴냈고, 30주기를 기해서 그것을 다시 펴내면서 『李信 詩集, 돌의 소리』(동연, 2012)를 냈습니다.[1] 35주기를 기해서는 후학들의 첫 연구서인 『환상과 저항의 신학: 이신(李信)의 슐리얼리즘 연구』이 또 도서출판 동연에서 출간되었습니다. 2015년에는 그가 생전 번역 출판했던 베르댜예프의 『노예냐 자유냐』가 출판사 늘봄의 도움으로 새롭게 빛을 보았습니다. 하지만 이러한 가운데서도 오늘까지 여전히 그가 남긴 많은 다양한 분야의 동서고금의 책이 읽히지 않은 채 먼지에 쌓여 있고, 강의 노트, 글 스케치, 사진과 편지글, 모았던 신문이나 잡지 자료 등이 남아서, 어느 날 저희가 강원도 횡성에 조그맣게 마련한 '이신 아카이브'를 방문한 한 학자가 말씀하신 대로 그것들을 보아줄 '귀인'을 기다리고 있습니다.[2] 이에 더해 지난 10월의 첫 유고전에도 불구하고 그의 남겨진 그림들과 특히 그가 1971년 미국 유학에서 돌아올

---

[1] 올해 2025년 3월 이 시집이 평사리출판사에서 새로 나오게 되었다. 이 일이 가능해진 것은 김천 포도농군 95세 연세의 김봉순 어르신께서 이신 시집에 대한 깊은 감동으로 그것을 구입해서 주변 지인들에게 나누어 주는 일을 자신 생애의 마지막 일로 여기신다고 했기 때문이다. 이 자리를 빌려 그분의 깊은 기독교·동학 영성에 감사드린다.

[2] 수년 전 강원도 횡성의 '현장아카데미'에 '이신 아카이브'라는 조그만 공간을 마련했는데, 그곳을 방문하신 유학자, 이광호 전 연세대 철학과 교수님이 하신 말씀이다.

당시 남겨두었다는 상당수의 그림이 미국 어디엔가 있을 터인데 아직도 그 소재조차 모르고 있습니다.

그가 가신 후 이렇게 저희 역량과 정성의 부족으로 여전히 나누어지지 않은 것이 많아서 죄송스럽고 부끄러운 마음입니다. 그러면서 이번에 다시 지난 시간을 돌아보았습니다. 그가 떠난 후 1980년대부터 한국 사회와 교회는 놀라운 양적 성장을 이룩했습니다. 그는 그러한 양적 성장을 본격적으로 경험하기 전에 돌아가셨음에도, 그때 어떤 물질적 빈곤이나 가난보다 더 치명적인 것은 우리 의식과 상상력의 부패라고 역설했습니다. 또한 오늘과 같이 한국이 세계인의 주목을 받아 국가적 자긍심을 느끼기 전 몹시 어려웠던 때에도 한국적 신앙의 자주성과 주체성을 강조하셨습니다. 그리고 그 가운데서 서구 기독교가 퍼뜨린 교파와 교단의 분열을 넘어서 보다 근원적인 토대에 근거한 '한국그리스도의교회'라는 보편적 이름의 교회를 역설하셨는데, 그러한 모든 것이 당시에는 너무 시기상조였고 이해되기 어려운 일이었던 것 같습니다.

하지만 이후 상황은 변했고 오늘, 특히 코로나 팬데믹까지 겪으면서 인류 문명이 이제까지 한 번도 경험하지 못한 메타버스 등의 '확장현실'(eXtended Reality) 시대가 펼쳐지면서는 그의 말이 무엇인지를 알아채기 시작한 것 같습니다. 지난 10월의 첫 번째 유고 그림 전시회가 "이신, 초현실이 XR을 만나다"라는 제목으로 열렸고, 전시 기획자인 심은록 박사는 오늘 일파만파로 퍼져 가는 확장 현실의 시대에 이신의 슐리얼리스트 묵시 의식과 신학이 점점 더 심각해지는 우리 상상력의 부패에 대한 의미 있는 저항과 새로운 방향타가 될 수 있다고 밝혔습니다. 이신의 언어로 하면, 더욱 보편적인 그러나 동시에 참으로 구체적이고 인격적인 "신뢰의 그루터기"에 대한 그의 강조가 이해받기 시작하는 것이라고 저는 생각합니다.

오늘 의식 있는 한국 그리스도인들은 누구나가 자신 신앙에서의 문화적 주체성이라는 것이 중요하다는 것을 의식하기 시작했고 또한 뼛속까지 자본주의와 물질주의가 만연한 현실에서 어떤 종교적 리추얼도 큰 의미를 가지지 못하는 이때, 거기서 다시 기독교 리추얼을 교단과 교파로 나누는 것이 참 의미 없고 우스꽝스러운 일이라는 것을 알아갑니다. 그런 의미에서 이신이 주장했던 '한국그리스도의교회 환원운동'은 시대를 앞선 '근본적 에큐메니즘'이었고, 저는 2010년경부터 한국교회에서 시도된 '한국적 작은 교회 운동'도 그러한 맥락에서 이해하면서 한국 여성신학자의 한 사람으로서 같이 해 왔습니다.

작년 7월에 개소식을 가진 한국信연구소는 이상과 같은 이신의 정신적 유산을 중시하면서, 더 나아가 '한국적 페미니스트 믿음의 통합학'(Korean Feminist Integral Studies for Faith)을 추구하고, 그것을 '한국 신학(信學)' 또는 '한국 인학(仁學)'으로 표현하며, 그 전개를 위해서 힘을 모으고 있습니다. 인간 상상력의 부패에 대한 심각한 위기를 감지한 이신은 이미 1960년대에 <사실>이라는 제목의 시 I, II를 쓰면서 우리 '포스트 트루쓰'(Post-truth) 시대의 치명적 약점과 한계, 그러나 그것을 넘어설 수 있는 또 다른 인간 사유와 삶의 방식을 제시하면서 새로운 문명적 갈 길을 지시했다고 저는 이해합니다. 오늘 세계 정치 분야에서 많은 에코를 받는 한나 아렌트가 이른바 『예루살렘의 아이히만』 논쟁 이후에 쓴 글 <진실과 정치>(*Truth and Politics*)를 읽으면서도[3] 저는 그러한 포스트 투르쓰 시대 이후를 예언한 이신의 정신이 "탕진됨을 모르는 가능성이자 안타까운 미완성"이라고 생각했습니다.[4]

이번 기회에 이렇게 글과 책으로 추모의 일을 마무리해 놓고 보니, 특히 저 자신과 관련해서 슐리얼리스트 신학자이자 시인, 화가로 살다 가신 이신의 환상과 저항의 몸짓 가운데도 특히 '저항'에 대한 집중이 약하지 않았나 하는 생각이 들었습니다. 이신보다 6년 위 연배인 김수영 시인의 "모든 전위 문학은 불온하다. 그리고 모든 살아있는 문화는 본질적으로 불온한 것이다"라는 유명한 말을 듣고는 더욱 그랬습니다. 이신의 하나님과 초월, 궁극은 '영'(靈)이었고, 그것은 '살아있다'(生)는 것이고, 그래서 '역동적인 창조성'(理)을 죽기까지 역설하였으며 또한 이신의 모든 의식과 삶, 창조물도 '전위적'이었고, 그런 의미에서 시대가 감당하기 어려운 '불온한' 것이었을 터인데, 그를 따른다고 하면서도 너무 유물론적이고 움츠려 살아왔기에 그런 생각을 합니다.

이제 마무리 인사를 드립니다. 다시 한번 오늘의 일에 함께해 주신

---

3 한나 아렌트/서유경 옮김, 『과거와 미래사이』 (푸른숲, 2005), 304 이하.
4 홍기원, 『길 위의 김수영』 (삼인, 2021), 375.

모든 선생님께 감사드립니다. 저희가 어디에 있든지, 무슨 일을 하든지 오늘의 은택을 잊지 않으면서 저희 유족과 '현장(顯藏)아카데미 한국信연구소'는 지금까지 우리 주변에서 감추어져 드러나지 않는 진실과 선함, 아름다움과 수고, 희생과 인내, 억울함(藏) 등을 더욱 알아채고 드러내는 일(顯)에 매진할 것이며, 그것에 진실한 이름을 주어서 우리 삶이 좀 더 신뢰하고 믿고 평화로울 수 있도록(信) 하는 데 힘을 보태겠습니다. 그것이 바로 이신이 강조하신 '새로운 사실(fact)'을 만드는 일이며 '진실'(truth)을 토착화하는 일이라고 생각합니다. 오늘 이신 40주기 추모 예배를 여러분과 함께 드리게 되어 정말 기쁩니다.

한국 유학과 信學 그리고 이신의 영의 신학*

I. 지구 위기 시대에 우리 안에 '신뢰의 그루터기'를 세운다는 것

이 글을 쓰기 위해서 책상에 앉아 무심코 페북을 여니 다음과 같은 글귀가 떠오른다. 페친 방제선 님이 '세상에서 제일 가난한 대통령'이라는 별명을 가진 우루과이 대통령 호세 무히카의 어록이라며 옮겨 놓은 글이다.

> 감옥에서 나는 7년 동안 독서를 금지당했다. (나중에 깨닫게 된 것인데) 내가 후에 해낸 많은 일들은 그때 책을 읽을 수 없어서 생각하고

---

* 2023년 12월 15일 서촌 길담서원. 한국信연구소 2023 송년 모임에서 처음 읽은 글이다. 이후 2014년 1월 「농촌과 목회」 통권 101호에 실렸고, 2024년 8월 한국아렌트학회에서도 수정을 거쳐 읽었다.

생각하고 또 생각했던 것들의 결실이었다. 참 신기한 일이다. 인간은 때때로 좋은 날들보다 고통으로부터 더 많이 배우는 것 같다.

이 글귀를 읽고 제일 먼저 든 생각은, 나를 포함해서 많은 이들이 독서를 매우 강조하고 또 요즘 '독서 모임'이라는 것도 유행하지만, 책 읽는 것보다 더 요긴한 일은 밖의 세계로부터 얻은 '인상'(appearance)을 깊이 사유하는 일이구나 하는 것이었다.

'난간 없이 사유하기'(thinking without a banister)라는 말은 요사이 한국에서도 번역본이 나온 20세기 가장 독창적인 사유가 중 한 사람인 한나 아렌트의 정치 에세이를 묶어놓은 책 제목이기도 하다.[1] 우리에게 "악의 평범성"이라는 말로 더욱 알려진 아렌트는 한 종족과 민족을 모두 없애버리겠다고 하는 정도까지 치달은 현대 인간의 이데올로기와 폭력 앞에서 어떻게 하면 그것을 "이해"(understanding)할 수 있을까를 고심했다. 그리고 그 이해란 바로 우리가 그와 같은 악의 현실을 외면한다거나 여러 방식으로 합리화하면서 왜곡하지 않고 계속 직시하면서 저항하는 일이라고 했다. 여기서 '저항'한다는 것은 우선 그 일에 대해서 '판단'(judging)을 수행하는 일이겠다. 또한 난간 없이 사유하기란 그 판단에 있어서 지금까지 밖으로부터 주어져 왔던 모두 사유의 토대를 치운다는 것인데, 특히 아렌트에게 있어서는 서구 문명이 지금까지

---

[1] 한나 아렌트/신충식 옮김, 『난간 없이 사유하기』(문예출판사, 2023).

선악 판단의 기반으로 삼아 왔던 전통 기독교의 신론이나 영육 이원론적 형이상학의 해체를 말한다. 즉, '전통'과 '종교'에 근거해서 '권위'가 되어 왔던 모든 것에 대한 급진적인 전복을 말한다.

책만 많이 읽는다는 것은 세계와 많이 만나고 세상에 관심하며 접촉하고 살아가지만, 그에 대해서 책임은 지려 하지 않고, 그래서 더 깊이 생각하거나 사유하지 않는 것, 다시 말하면 판단하지 않고 살아가는 것이라고 하겠다. 아렌트가 악의 평범성을 "사유하지 않음"이라고 말한 것은 사실은 좁은 의미에서 머리가 없다거나 멍청한 사람이라는 말이 아니라, 마치 책은 많이 읽는다 하더라도 매번 일을 당하여서 자신이 마주한 세계(物)와 일(事)과 관련해서 스스로 생각하거나 사유하지 않고 거기서 판단하며 실행하는 행위가 없는 것을 말하는 것이라고 하겠다. 책임 있는 행위가 없다는 것은 진정 사유하지 않는다는 것이고, 사유의 주제가 되는 상대를 그저 스쳐 지나갔을 뿐이라 하겠다. 그래서 일찍이 동아시아 유교 전통에서 왕양명(王陽明, 1472-1529) 같은 사람은 "진정으로 안다는 것(知)은 행위하는 것(行)과 하나"(知行合一)라고 강술했다.[2]

그런데 이후 아렌트는 서구 전통의 모든 종교적, 형이상학적 권위를 뒤로하고 우리 삶에서 다시 새롭게 '판단'과 '신뢰'의 근거를 만났는

---

[2] 이은선, "한나 아렌트의 탄생성의 교육학과 왕양명의 치량지의 교육사상 — 공적 감각과 지행합일의 인간교육을 위해서," 『생물권 정치학 시대에서의 정치와 교육 — 한나 아렌트와 유교와의 대화 속에서』 (도서출판모시는사람들, 2015), 117 이하.

데, 그것은 다름 아닌 바로 우리 정신 안에 생각하는 힘의 기초력으로서 '미감'(味感, the sense of taste)을 말한다. 미감에 대해서 그녀는 여러 가지 언어로 설명한다. 일찍이 칸트가 그의 저서 『판단력 비판』(1790)에서 밝힌 것을 그녀는 매우 창조적으로 전유한다. 즉, 인간이 모든 그러함에도 불구하고 서로 소통할 수 있는 기초력으로서 그와 같은 미감을 담지하고 있다는 것인데, 우리 공동체에서 한 개인으로서 주관적이고 사적인 느낌과 감정으로 판단해도, 그것이 같이 사는 공동체의 다른 사람들과 상관없는 것이 아니라 바로 그들과 공통으로 함께 느끼고, 무엇이 선이고 아름다움인지를 파악할 수 있는 선험적인 능력이라는 것이다. 그래서 그것을 '공통감'(common sense)이라고도 하고, 참으로 보편적인 언어로 '상식'(le bon sens)이라고도 하며 또한 다른 사람의 처지와 관점에서 세상을 바라볼 수 있는 '상상력'(imagination)이라고도 한다. 또한 인간은 다른 사람과 더불어 있을 때만 만족을 느끼고 쾌감을 얻는 데서도 알 수 있듯이,3 상상력은 지금 여기에는 없지만 자신의 경험에 비추어서 과거와 다른 사람의 처지를 돌아볼 수 있고 아직 일어나지 않은 내일을 내다볼 수 있는 능력을 말하는 것이다. 그것은 지극히 몸적이고 감각적이기도 하면서 또한 감정의 섬세함과 함께하는 '공감력'(仁)으로 그리고 나의 이 감정을 진정으로 공정하고 공평한 것으

---

3 Hannah Arendt, *Between Past and Future* (New York : Penguin Book, 1993); 한나 아렌트/서유경 옮김, "문화의 위기: 그 사회적 정치적 의미," 『과거와 미래 사이 — 정치사상에 관한 여덟 가지 철학연습』 (푸른숲, 2005).

로 확장할 수 있는 사유와 상상의 힘으로도 역할하는 우리 마음의 내적 힘이다. 아렌트는 아리스토텔레스나 칸트에게서 그 실마리를 보고서 그와 같은 평범의 힘이 우리 정신의 "신비한 능력"으로, 우리 판단에 있어서 "내부 나침반"과 같은 역할을 하고, 그래서 인간 공동 삶에서 믿을 만한 정치적 감수성의 "실천지"(phronesis)로 역할할 수 있다고 보았다.4 앞에서 지행합일을 강조했던 왕양명의 언어로 하면 우리 마음의 기초적인 '선한 마음'(良心)으로서의 '양지'(良知)와 견줄 수 있겠다.5

II. 한국 유학(儒學)과 신학(信學)

16세기 퇴계가 태어나 살던 조선 사회는 조선 전기 훈고의 때를 넘어서 새로운 인간적인 보편의 시대를 이루기 위해서 치러야 했던 혹심한 사화(士禍)의 시대였다. 여기서 퇴계는 당시 공부와 학문의 병폐를 "구이지학"(口耳之學)의 폐해로 들었는데, 그것은 언뜻 보면 "입과 귀의 공부"라는 말이 되어서 위에서 말한 아렌트적 감각과 감정 등의 소통적 판단력 일과도 연결된다. 하지만 그 진정한 뜻은 "귀로 들은 것을 바로

---

4 줄리아 크리스테바/이은선 옮김, 『한나 아렌트 삶은 하나의 이야기다』(늘봄, 2022), 30 이하.
5 이은선, "어떻게 사유하고 행위할 수 있는 인간을 기를 수 있을 것인가 — 양명과 퇴계 그리고 루돌프 슈나이너," 『생물권 정치학 시대에서의 정치와 교육 — 한나 아렌트와 유교와의 대화 속에서』, 265 이하.

옆의 입으로 가져가서 곧 내뱉는다"라는 뜻으로, 듣고 얻은 가르침을 스스로가 더 깊이 생각하지 않고 새기면서 참 배움으로 만들지 못하고, 지식 자랑이나 겉모습의 서술에만 사로잡혀서 쉽게 내뱉는 것을 경계한 것이다. 즉, 칸트나 아렌트의 언어로 하면 판단력을 "확장"(the enlargement of the mind)하는 일에 소홀했다는 것이고, 전통 유학의 언어로 하면 '궁리진성'(窮理盡性)의 가르침을 강조한 것이라 하겠다. '박학'(博學)을 넘어서 자세히 묻고 신중히 생각하며 판단하는 '심문'(審問), '신사'(愼思), '독행'(篤行) 등의 일을 지시하는 것이다. 다시 말하면 우리 몸과 마음의 감각과 감정, 의지와 판단력을 잘 다듬고 길러서 세계와 상대를 나의 사적 욕망이나 욕심에 치우쳐 판단하지 말고 그 참모습이 무엇인가에 주목하라는 말씀이겠다. 그렇게 해서 그 상대와 나는 하나가 될 수 있고, 거기서 신뢰와 믿음의 연결이 생기고, 쉽게 겉모습에 휘둘리지 않게 되는 것을 말한다. 바로 우리 안의 판단의 나침반을 잘 다듬고 '신뢰의 그루터기'를 세우는 일이라고 하겠다. 이런 생각과 더불어 성호 이익 선생의 퇴계 선생 말씀 모음집 『이자수어』(李子粹語)의 다음 글귀가 특별히 나에게 다가왔다.

> 사물이 만 가지로 다르지만, 理는 하나이다. 理가 하나이기 때문에 性에는 안과 밖으로 나누어짐이 없다. 군자의 마음이 확 트여 크게 공평(大公)할 수 있는 까닭은 자신의 性을 온전하게 해서 안과 밖의 구별이 없기 때문이다. 사물이 나타남에 따라서 순응할 수 있는 까닭은 한결

같이 理에 따르고 피차에 구별이 없기 때문이다. 사물을 외적인 것으로만 알고 理에 피차가 없음을 알지 못한다면, 理와 일이 두 갈래로 나누어질 것이다. (그러나) 만일 사물이 외적이 아니라고만 생각하고 理로서 준칙(準則)을 삼지 않는다면, 마음에 주인이 없게 되어 마침내 외적인 사물이 마음을 탈취할 것이다(物雖萬殊, 理則一也. 惟其理之一, 故性無內外之分. 君子之心, 所以能廓然而大公者, 以能全其性而無內外也. 所以能物來而順應者, 以一循其理而無彼此也. 苟徒知物之爲外, 而不知理無彼此, 是分理與事爲二致, 若只認物爲非外, 而不以理爲準則, 是中無主而物卒奪之).[6]

여기서 퇴계 선생은 먼저 이 세상의 만 가지 물(物)에 대해서 말한다. 그런데 아시다시피 오늘 우리 시대에는 이 세상의 물(物)이 크게 문제가 되었다. 서구 유대 기독교 문명이 주도해 온 인류 근대 문명은 이 세상을 온갖 다양한 물(物)로 채우는 일에 몰두해 왔다. 20세기 이후 이 가치관에 따라 살아온 한국의 우리도 어떻게 하면 우리 곳간과 집안을 더 많은 물(物)로 채울 수 있을지를 고민하며 고투해 왔다. 그런데 여기서 더 나아가서 우리가 이렇게 미래의 물(物)을 더 확보하기 위해서 과거를 탈각시키고 현재의 삶을 희생시키며 쉴 새 없이 달려오는 사이, 어느덧 우리에게는 '가상 세계'(virtual world)가 성큼 다가왔다.

---

6 퇴계 이황/성호 이익·순암 안정복 엮음/이광호 옮김, 『이자수어』, "제4편 함양," 211.

인간 정신이 우리 물(物)의 세계를 거기까지 확장한 것이다. 이는 이제 우리가 관계해야 하는 물(物)과 장(場)이 지금까지 우리가 경험해 온 것과는 비교가 안 될 정도로 크게 확대된 것을 말한다.

하지만 우리가 그렇게 정신없이 살아오는 동안 그리고 더 많은 물(物)을 소유하려고 서로 싸우고 경쟁하고 갈등하며 욕심을 한껏 부리는 동안, 우리 삶은 주변의 친밀한 세계를 점점 더 잃어갔다. 그것은 마치 '뿌리'가 뽑히고(rootless), '집'을 잃고(homeless), 가까운 '친구'도 없이, 심지어는 마지막 남은 '가족'도 잃고서 더욱 외롭게(lonely) 혼자 남는 경우가 많아진 것이다. 또 다르게 보면 그것은 우리가 남과 더불어 공동의 삶을 살 때 기능하는 판단력을 점점 잃어간다는 것이고, 지금까지 우리 삶을 자리매김하고 정돈하고 의미 있게 해 온 '전통', '권위', '종교'가 모두 무너졌거나 무너지고 있어서, 우리가 앞으로는 어디에서 어떤 준칙과 규칙을 배워서 이 세상과 하나 되는 관계를 가질 수 있을지 모르게 되었다는 것이다. 그래서 오늘의 혼란과 방황, 좌절과 분노, 깊은 외로움은 한마디로 뿌리 뽑힘의 느낌이 되어서 우리 삶을 압도한다.

이 상황에서 앞의 퇴계 선생 말씀을 되새겨본다. 서구 유대 기독교적 사유에서의 하나님 이해에서와는 달리, 조선 유학은 세상 존재와 의미의 궁극을 '천리'(天理)나 '천명'(天命) 등으로 이름하며 여기 이곳이 세상의 만물(萬物)과 만사(萬事) 그리고 특히 만인(萬人)의 마음(心)과 성품(性) 안에 내재하여 있다는 것을 밝힌다. 그 유학 안의 퇴계 선생은 위의 인용글이 밝히는 대로 우선 우리와 더불어 만물이 그 '천리'(理)

로 인해서 하나로 연결되어 있다는 것, 피차로 나누어지는 것이 아님을 강조한다. 다른 말로 하면 이 세상에 현현된 만물은 내(我)가 그것을 나의 욕심대로 채우려고 적대하고 함부로 대하고 마음대로 처리할 수 있는 대상이 아니라는 뜻이다. 또는 내가 그의 독자성과 자존성을 인정하지 않고 나의 '소유'나 '속된 것'(俗), 또 다른 말로 하면 '생명' 없는 것, 죽은 것 등으로 치부해서는 안 되고, 그 모든 것을 같은 소종래(所從來)의 (天)理의 담지자로 보아야 한다는 것이다. 즉, 만물과 나는 친구의 '믿음'의 관계(朋友有信)가 될 수 있고, 하나가 될 수 있으며, 우리가 이렇게 나누어져서 서로에게서 서로를 잃고, 즉 '세계'를 잃고서(세계 소외, world-alienation), 집을 잃은 것처럼 뿌리가 뽑힌 모습으로 살아갈 것이 아니라는 것이다. 다만 우리가 서로 겉모습이나 겉의 다름에 사로잡혀서 그 안에 내재하는 공통의 리(理)를 알아보지 못하는 것이 문제인데, 그래서 이 개별적 형태를 넘어서는 공동의 리(理)를 알아보는 '대공'(大公)의 마음을 갖는 일의 중요성과 그 마음이 참된 배움의 길인 것을 지시하는 것이다.

그러나 동시에 또 다른 측면의 가르침으로서 선생은 우리가 그렇게 만물과 같은 리(理)로써 서로 소통하고 하나 될 수 있지만, 같은 정도로 물(物)의 다름, 즉 그것이 나에게 '외물'(外物)이 되는 것의 현실과 실제(氣)도 결코 놓쳐서는 안 된다고 강조한다. 즉, 선생에 따르면 만약 우리가 물(物)이 나에게 외물이 아닌 것만을 보고자 한다면, 그래서 그것이 동시에 '외물'인 것을 보지 못한다면, 그 물(物)과의 관계에서 어떤 '준칙'(理/禮)도 없게 되어서 오히려 그것이 나를 덮치거나 내 마음을 삼켜버리는 혼돈과 무질서가 일어난다고 경계한다. 그렇게 해서 오늘 우리가 공평과 공공의 마음을 잃어버리고, 오히려 한편으로는 우리 주변 세상의 만물을 모두 자신 욕망의 수단으로 삼거나 아니면 그 반대로 온갖 물(物)의 범람에 휩쓸려서 스스로를 잃고 점점 더 큰 또 다른 욕망에 사로잡히게 된다는 것이다.

그런데 선생은 그로부터 그와는 다른 길로서, 그 두 경우와 다른 오묘한 판단의 경지로 세상의 만물과 우리를 관통하는 공동의 리(理)를 사려와 생각과 판단으로 체현해 가면서 느끼는 '리(理)의 맛과 취지', 즉 "리취"(理趣)에 대해서 말한다. 그것은 앞에서 아렌트가 '신비'와 '기적'과 같은 것이라고도 했고 참된 기쁨과 신뢰의 우정의 경지라고 한 것과 상통하는데, 이 맛을 모를 때 사람들은 점점 더 커지는 "물욕"(物欲)에 빠지게 된다고 경계한다.[7] 퇴계 선생은 그것을 여기 이곳 우리 마음속의 깊은 지성소(至聖所)인 "영대"(靈臺)에 누를 끼치는 일이라고도 표현했다.[8] 아렌트의 '판단력 확장'과 매우 유사한 의미이고, 곧 현실 삶에서 관계의 '예'(禮)를 체득하기 위한 과정과 유사해 보인다.

우리가 지금까지 단지 외물로만 여기며 쉽게 착취 대상으로만 삼아왔던 '자연'이 크게 문제 되었고, 그래서 인간이 이 지구상의 한 생물

---

7 같은 책, 216.
8 퇴계, 『성학십도』.

종(種)으로서 지구의 사실적인 종말을 불러올 정도로 큰 위협이 된다는 '인류세'(Anthropocene)를 말한다. 그런 가운데 인간의 물적 확장인 AI가 등장하고 가상 세계가 더욱 다가오는데, 우리가 이 가상 세계와 어떤 관계를 맺어야 하는지, 그 새롭게 등장한 가상 세계 이전 세상 만물과 가상 세계는 어떤 관계가 있고 앞으로 우리 세계는 어떤 양상과 방식으로 전개될 것인지 등 이런 모든 물음과 주제 앞에서, 위에서 읽은 퇴계 선생의 리(理)와 물(物, 氣), '리(理)를 준칙으로 삼는 일'에 대한 가르침이 절실하고 소중하게 다가온다. 오늘의 폭주하는 또는 사멸될 위기 가운데 있는 물(物)의 현존 앞에서 우리는 모두 각자, 그러나 단순히 벌거벗은 개인이나 혼자의 의미가 아니라 한국 전통의 유학이 강조하는 대로 한 공동의 생명 공동체 일원으로서 더불어 이 위기를 넘어가는 일에 힘을 쏟아야 할 것이다. 이를 잘하려면 퇴계 선생이 말한 대로 세상의 물(物)과 일(事)이 닥칠 때마다 그 사물 안의 리(理)와 내가 하나가 될 수 있다는 '믿음'(信)을 가지고 그 리(理)를 알아채고(理趣) 신뢰의 관계가 되는 일을 다져 가야겠다. 그것은 곧 우리 안에 스스로 참된 판단의 '권위'를 세우는 일이고, 그 일을 통해서 각자가 세상에서 한 사람의 '신뢰(信)의 그루터기'(本原之地, 實之理)로 거듭나는 일이라고 하겠다. 이제 우리 인간 문명의 미래는 바로 어떻게 하면 이 일을 잘 이룰 수 있을까에 달려 있고, 그에 관해 탐구하는 일이 곧 '신학'(信學)을 세우는 일이며, 퇴계 선생이 거기서 뛰어난 예를 보여주었다고 생각한다.[9]

III. 퇴계 신학(信學)과 이신의 영(靈)의 신학(神學)

1568년 자신의 일생의 추구와 배움의 결산이라고 할 수 있는 『성학십도』(聖學十圖)에서 퇴계 선생은 "참 인간(聖人)이 되는 열 가지 길"의 여섯 번째를 「심통성정도」(心統性情圖)로 제시한다. 거기서 그는 우주적 오행(五行)이 인간 마음의 다섯 가지 본성으로 체현된 것으로 보는 '인·의·예·지·신'(仁·禮·義·智·信)과 그 감정적 나타남에 관해 말한다. 그런데 여기서 '신'(信)에 대한 설명이 특히 주목을 끄는데, 인, 의, 예, 지에 대한 설명 다음에 마무리로 '신'(信)을 '실지리'(實之理)로 밝힌 것이다. 그것은 신(信)이란 곧 끝까지 밀고 나가는 '성실'과 '지속', '인내'의 힘으로 거기서 마침내 열매(實)를 이루어 내는 능력(誠實之心)이라는 것이다. 다시 말하면 지금까지 유교 전통에서 오행이나 오륜 중에서도 크게 주목받지 못한 '신'(信)—붕우유신(朋友有信)의 신(信)이기도 하다—은 바로 우리의 일에서 앞의 모든 덕목을 지속하여 구체적으로 열매가 맺힐 때까지 실행하는 힘, 성실하게 밀고 나가서 생각의 씨앗들을 여기 이곳 땅에서 열매로 드러나게 하고, 그것을 관계 안에서, 타인과 함께 이루어서 참된 세상을 만들어 가는 '실질의 힘'(實之理)으로 본 것을 말한다.

---

9 이은선, "퇴계 사상의 '신학(信學)'적 확장 — 참 인류세 세계를 위한 토대[本原之地] 찾기 (I)," 「退溪學報」 153 (2023. 6.): 133-180.

그런데 선생은 이렇게 신(信)이라는 덕목을 '실지리'와 '성실지심'(誠實之心)으로 밝히고, 말씀하기를 "성인(聖人)은 믿음(信)을 언어의 법도로 삼도록 가르쳤다. 믿음과 성(誠)은 하나의 이치이다"(故聖人教人, 以信言語之則, 信之與誠, 一理也)[10]라고 하였다. 즉, 그는 '신'(信)과 '성'(誠)을 하나로 본 것이다. 그런데 우리가 잘 알다시피『중용』20장의 메시지가 바로 그 성(誠)을 '하늘의 도'(誠者 天之道也)라고 했다면, 그 성(誠)과 하나인 신(信)에 대해서 말하는 것인 '신학'(信學)이 기독교 전통의 언어로 하면 '신학'(神學)의 일과 다르지 않다는 것을 밝혀주는 의미이겠다. 이것은 오늘 세속화 시대에 다시 초월을 말할 수 있는 계기로서 우리의 지구 위기 시대에 더는 과거 종교와 전통과 권위의 상징이었던 신학(神學)이 아니라 신학(信學)이 관건이 되었다는 것을 지시하고, 그것은 우주 만물의 창조력으로서의 신(信)을 다시 회복하고 만물과 우리의 관계를 신(信)이 살아있는 '우정'의 관계로 거듭나게 해야 한다는 메시지라고 읽고자 한다.

일찍이 자신의 신앙적인 전회를 원래 이름으로부터 '신'(信)이라는 이름으로 바꾸어 표현한 신학자 이신(李信)이야말로 20세기 인류 문명의 위기를 누구보다도 첨예하게 간파한 사유가라 하겠다. 그는 고유하게 "슐리얼리즘의 신학"이나 "영(靈)의 신학"을 많이 말했는데, 이런 표현들이 오늘 지구 위기 시대에 그 위기를 몰고 오는 데 핵심적인 역

---

10 퇴계 이황,『이자수어』, 248.

할을 한 전통 기독교의 '神-이야기'(God-talk)가 더는 의미 있는 언어가 되지 못함을 밝히는 언술들이라 생각한다. 지난 2021년 그의 서거 40주기를 기해서 여덟 명의 저자와 함께 엮은 책『이신의 묵시의식과 토착화의 새 차원 — 슐리얼리스트 믿음과 예술』(2021)에서 나는 그런 그의 사유를 한국 유학 전통의 퇴계와 연결하여 살폈고, 러시아의 인격주의 사상가 N. 베르댜예프와 견주면서 "한국 '신학'(信學)과 '인학'(仁學)의 관점"에서 그의 영의 신학을 자리매김하고자 했다.[11] 이를 오늘 이 글에서 다시 돌아보고자 한다.

1. 이신의 영(靈) 인식론과 한국 信學

일찍이 퇴계 선생은 다른 유학자들은 많이 논하지 않는 '영'(靈)에 대해서 말씀하기를,[12]

"신령한 것(靈)은 본래 기(氣)이다. 그러나 氣가 어떻게 스스로 신령할 수 있겠는가? 理와 합하였기 때문에 신령하다"(靈固氣也, 然氣安能自靈? 緣與理合, 所以能靈)(정자중에게 준 글, 書·與鄭子中別紙).

---

[11] 이은선, "참된 인류세(Anthropocene) 시대를 위한 이신(李信)의 영(靈)의 신학 — N. 베르댜예프와 한국 신학(信學)과 인학(仁學)과의 대화 속에서," 한국신연구소 엮음,『이신의 묵시의식과 토착화의 새 차원 — 슐리얼리스트 믿음과 예술』(동연, 2021), 94-182. 여기서부터는 원문에서 부분적으로 가져온다.

[12] 퇴계 이황,『이자수어』, 95.

라고 했다. 이것은 대단히 놀라운 언술이다. 우리가 잘 알다시피 선생은 당시의 젊은 신진 세대 유학자 기고봉(奇高峯, 1527~1572)과 7년에 걸친 '사단칠정'(四端七情) 논쟁으로 유명하다. 거기서 후배 학자가 현실의 보는 것과 나타남에 대한 집중으로 오히려 기(氣)를 존재의 근본과 시작으로 밝히는 듯한 주장을 하자, 퇴계는 한 존재가 진정 생명력의 존재이고, 그가 한 '인격'(天命)이 되며 주체적인 창조자로 살아가려면 기(氣)의 선험성보다 더욱 근본적인 토대와 기초로서의 '리'(理)를 보지 않으면 안 된다는 것을 줄기차게 강조했다. 비록 그 보이는 것과 나타난 것의 다양함(氣)을 인정하고 그것을 부정할 수 없는 존재의 한 축으로 받아들이면서도, 선생은 자신의 다른 이해를 후학에게 전하고자 큰 노력을 한다. 선생에 따르면 리(理)와 기(氣)의 관계는 서로 나뉠 수 없는, 그러나 결코 섞어보아서는 안 되는(不相雜, 不相離) '동시성'으로서, 리(理)와 기(氣)의 오묘하고 신비한 함께 함이 아니고서는 사물은 살아있는 영(靈)이 되지 못하고 단지 죽어있는 수동의 물건에 불과한 것이 된다는 의미이다. 그런데도 세상이 온통 보이는 것과 나타난 것의 즉각성에 사로잡혀서 그것을 넘어서는, 또는 더 근본적인 토대로서 살아있는 창조 영의 하늘적인 것(理)을 보지 못하는 답답함과 안타까움을 토로한 것이다. 그래서 그는 리(理)의 살아있는 창조성과 능동성, 역동적인 토대 됨의 신령함을 그리기 위해서 중국이나 조선의 다른 성리학자들은 사용하지 않는 "활리"(活理), '살아있는 리'라는 언어를 가져왔고, 그때까지 존재의 궁극으로서의 리(理)를 정태적이고 부동의 형이상학적 원리 등으로만 알아 왔던 전통 성리학에 반해서 리(理)가 스스로 움직이고, 행위하고, 만물에 직접 다가온다는 '리동'(理動), '리발'(理發), '리도'(理到) 등의 전복적인 언어를 불러왔다.13 위 인용문에서는 '영'(靈)이라는 언어로 표현했다고 보는데, 리(理)와 기(氣), 하늘적인 것과 땅적인 것, 정신과 몸, 사유와 행위 등이 함께 연결된 영적 영원의 신비와 기적을 그린 것이라고 나는 이해한다.

이신의 영(靈)의 신학과 슐리얼리즘의 의식이 표현하고자 하는 것과 많이 공명한다고 생각한다. 이신도 기독교 전통의 하나님 신앙이 고목처럼 굳어져 한없이 무기력해져 있는 것에 주목했다. 우리의 의식과 상상력이 둔화하여서 여기 눈에 보이는 것에만 사로잡혀 있고 또는 한편으로 영을 말한다 하더라도 그 영을 마치 하늘에서 내려온 어떤 요술 방망이처럼 여겨서 사람들의 의식을 한없이 수동적으로 만들고, 대신 끝없는 개인적 물질적 욕망을 위한 도구와 방법으로 여기는 것을 세차게 비판했다. 그는 신학적인 언어와 더불어 일찍부터 회화적 언어를 통해서 그 영의 현현의 장소와 순간을 그려내고자 고투했다. 지금까지 인습적인 인간 인식의 방법론 너머에 있는, 그래서 20세기 전위파 슐리얼리스트 예술가들의 인식론적 전복이나, 아니 그보다 더 멀리 가서 유대 신구약 중간기 묵시문학가들의 영적 체험에서 그 영의 현현과

---

13 이은선, "퇴계 사상의 '신학(信學)'적 확장 ― 참 인류세 세계를 위한 토대[本原之地] 찾기 (I)," 157 이하.

창조성과 역동성을 보았다. 또한 그는 오늘 21세기 또 다른 전복과 개벽을 요구하는 위기의 한국 사회에서 크게 주목받는 동학의 수운 최제우 선생에게서도 유사한 의식의 지평을 보고서 그것을 밝히고자 일찍부터 시도했다.14

그런데 이신의 그와 같은 전위적 시도와 그를 통한 새로운 '신뢰의 그루터기'를 찾고자 하는 실험은 매우 놀랍게도 이미 1960년대 미국에서 이신과 같이 공부했던 한 신약학도이자 그 자신도 화가로 추정되는 해럴드 베일즈(Harold Bales)에 의해서 잘 지목되었고, 그에 대해서 나는 앞서 40주기 추모 논문에서 상세히 밝혔다. 여기서 다시 간략하게 살펴보면, 그는 이신이 미국 유학 시절 10여 차례 이상 열었던 개인 미술전을 위한 1967년에서 1969년 봄까지의 그림을 중심으로 논평한다고 하면서, 자신의 연구가 "비유의 기능"을 이해하는 데 의미 있는 기여가 되기를 바란다고 밝힌다. 그에 따르면 이신의 그림은 예술적 인습의 주어진 세계를 돌파하고 모두를 위한 비유적 작업을 수행한다. 그리고 특히 이신 회화의 의미를 이신이 그리고 있는 비유적 '내용'에서 보다 그 '테크닉'에서 더욱 발견한다고 하는데("But I think the import message is to be found in the creative technique that he uses"), 이신이 색깔을 선택해서 사용하는 데서도 매우 전복적이며, 그렇게 보통의 화가들

---

14 李信/이은선·이경 엮음, 『슐리얼리즘과 영靈의 신학』(동연, 2011), 118; 이경 엮음, 『李信 목사 유고 목록』(미간행, 2021에 수록); 이정배, 『'역사유비'로서의 李信의 슐리얼리즘 신학』(동연, 2023)은 이러한 이신 신학에 대한 포괄적인 연구서이다.

이 잘 사용하지 않는 적갈색이나 황색, 검정, 회색 등의 사용으로 "색을 가지고 비유적 기능을 수행하고 있다"(he is performing a parabolic function with color)고 평한다. 화가 폴 클레(Paul Klee)와의 연관성도 지적하면서 특히 이신이 '공간'(space)을 다루는 방식이 아주 독특하다고 평하는데, 이신의 회화에서 어떤 대상이 아닌 '공간 자체'가 회화의 주제가 되고, 그래서 캔버스를 대상들로 채우지 않는 것은 분명 서구 회화에 대한 동양적 반립이지만, 이신은 거기서 더 나아가서 그의 독창적인 회화 기법으로 공간 자체를 그리려 하고, 즉 "그릴 수 없는 것을 그리려 하면서"(paintings of space itself. ... In his fascination with space, he has undertaken to paint the unpaintable nothingness of space) 전통적 동양 기법도 넘어서는 길로 나아갔다고 지적한다.15

이신은 대상을 그리는 것이 아니라 공간에 형태와 실체를 줌으로써 공간 자체를 만들어 내는 기법을 쓴다고 하는데("he gives form and substance to vacancy"), 이렇게 "그 자체가 하나의 비유적 메시지인 테크닉의 창조적 사용"을 통해서 "부정적인 효과"(negative effect)를 얻어서 이신의 회화는 "공간 자체 속에서 또 다른 공간으로 통하는 창을 제공해 주는"(in the substantial space that provides a window on another space) "하나의 열림"(an opening)이라고 밝힌다. 베일즈가 읽어낸 것처

---

15 이은선, "참된 인류세(Anthropocene) 시대를 위한 이신(李信)의 영(靈)의 신학," 115.

럼, 이신은 자신의 회화를 통해서도 동양과 서양 기법의 이분을 넘어서 그 모두의 근본인 '공간'이라는 "보편적 모체" 자체를 그리고자 한 것이다. 그것을 바로 여기 지금의 공간 안에서 비유로 지시하고자 한 것은 묵시문학가의 영의 환상이 단순한 역사와 시간의 부정도 아니고 또한 추구하는 근본적 '원형'이 여기 지금의 현현과 상관없는 것이 아니라 오히려 모든 현현의 내재와 내면으로서, 기독교 신학적으로 말하면 "종말론적"으로 실존하는 "영"(靈)이라는 것을 지시한 것과 같다고 나는 이해한다.

앞에서 한나 아렌트가 인간 정신의 '판단력'을 지시하면서, 그것이 참으로 개인적이고 바로 여기 지금의 찰나에서 하는 판단이지만, 모두가 공통으로 느끼는 '보편'(the common)을 알아채는 선험적인 인간 정신의 능력이라고 한 것이나 또는 이신이 매우 중시하는 러시아 사상가 베르댜예프가 『노예냐 자유냐』에서 인간 인격과 우주의 진정한 현실에 대해서 "보편(the universal)은 일반적인 것(the common)이 아니다. 추상적(abstract)인 것도 아니다. 구체적이며 충실한 것이다. 보편은 독립의 존재가 아니다. 단독적인 사물 속에서 발견된다는 점을 생각한다면 더욱 일반적인 것이 아니다. … 보편과 단독의 대치는 올바른 것이 못 된다"[16]라고 한 것 등과 같은 의미라고 생각한다. 퇴계 선생이 앞에서 외물과 우리는 하나는 아니지만 같은 리(理)로 연결되어 있고,

---

[16] 니콜라스 A. 베르댜예프/이신 옮김, 『노예냐 자유냐』 (늘봄, 2015), 49.

靈(인격)이란 理(보편)와 氣(단독)의 오묘한 만남으로 가능해지는 것이라는 가르침과도 매우 상통한다고 본다. 그런 의미에서 퇴계, 베르댜예프, 한나 아렌트 등은 모두 이신(李信)과 더불어 우리가 믿고 희망의 근거로 삼을 수 있는 신뢰의 그루터기를 발견한 시대의 전위적 영적 환상가들이라고 할 수 있겠다.

2. 퇴계의 〈천명도〉(天命圖, 1555)와 이신의 그림 〈자유로운 善〉(1975)

퇴계 선생은 16세기 조선의 학문을 신유학으로 꽃피우면서 중국의 것과는 달리 한국 고유의 전통을 전개시켰다. 그는 사유의 전승 속에 면면히 살아있는 하늘에 대한 극진한 공경과 신앙을 바탕으로 하늘(太極 또는 理)의 '살아있음'(生)과 지금 여기의 인간 삶과 구체적으로 관계를 맺는 '인간 중심적 관점'(心學) 그리고 그 생동성과 창조성, 주체성(活理)의 시선으로 유학의 새로운 차원을 열었다고 평가받는다. 베르댜예프나 이신의 언어로 하면 "살아계신 하나님"과 "정신"과 "영", "자유"와 "주체"의 "인격"으로서의 하나님에 대한 발견과 강조라 하겠다. 그런 맥락에서 그는 중국에는 없는 <천명도>(天命圖)를 그렸는데, 그것은 동아시아 "생생지위역"(生生之爲易, 낳고 살리는 것이 역이다)의 역(易) 우주론인 <태극도>(太極圖)를 훨씬 더 구체적으로 살아있는 인격적 '하늘의 명령'(天命)에 집중하는 방식으로 새롭게 그리고 밝히고자 한

것이다.[17]

여기서 먼저 이신이 1979년에 번역 출간한 러시아 사상가 베르댜예프의 『노예냐 자유냐』(Slavery and Freedom)를 생각해 본다. 이신은 베르댜예프의 또 다른 저서 『인간의 운명』(The Destiny of Man)을 번역하는 중에 돌아가셨는데, 베르댜예프야말로 서구 정신사에서 그의 '인격주의'(Personalism)를 통해서 인간의 '인격'을 새롭게 다시 발견하고, 그 인격의 초월적 근원성을 밝힘으로써 20세기 인류가 당면한 극단의 유물주의와 왜곡된 인간과 자아 중심주의를 타개하고자 분투한 사상가라고 할 수 있다. 그런 의미에서 베르댜예프에게서의 '인격'이란 그저 온 우주 생명의 한 생물학적 또는 심리·사회적 단계이거나 진화 단계의 최고 수준 등을 표시하는 언어가 아니다. 그보다는 오히려 이 우주가 인격의 한 부분이라고 말할 정도로 질적으로 '전혀 다른' 이 세계에로의 "침노"(abreaking in upon this world)이고 "돌입"(a break through)을 말하는 것이다. 그래서 그는 "우주의 매혹과 자연에 대한 인간의 노예성"을 경고하면서 인간 인격을 자연과 우주의 산물로 환원하려는 모든 시도를 거부했는데,[18] 이는 퇴계 선생의 리(理)에 대한 신뢰와 잘 연결된다고 본다.[19]

---

17 金鐘錫, 『퇴계학의 이해』 (일송미디어, 2001), 113 이하; 이은선, "참된 인류세(Anthropocene) 시대를 위한 이신(李信)의 영(靈)의 신학," 133.
18 니콜라스 A. 베르댜예프, 『노예냐 자유냐』, 125 이하.
19 이은선, "퇴계 사상의 '신학(信學)'적 확장 ─ 참 인류세 세계를 위한 토대[本原之地]

이신도 유사한 의미에서 그 모든 초월의 역사성에 대한 강조에도 불구하고 한편으로 지치지 않고 하나님과 인간, 이 세상과 저세상, 초월과 내재 사이의 질적 이원을 강조한다. 그는 지금까지 "말씀이 육신이 되었다"라고 강술하며 낮은 자, 이 세상의 가장 비천한 곳으로의 하나님의 개입을 말하지만, 여기서 그와 같은 역설이 믿어지는 것은 결코 인간의 힘이 아니라 "하나님으로부터받은것이고믿음에의해서순간적으로생성(生成, becoming)되는 것이다"라고 언표한다.20 그래서 그는 자신의 신학을 "카리스마적 신학"이라고 명하기도 한다. 이런 그의 자연과 인격, 세상과 하늘의 이원론적 언술을 들으면서 다시 새롭게 또 퇴계 선생이 생각난다. 선생도 세상의 존재를 훨씬 더 기(氣)적인 측면에서 살피는 고봉 기대승의 논박에 대해서 리(理)에 대해 다시 생각하며 그 기적인 측면이 훨씬 더 인정되는 '살아있는 리'(活理)를 말하지만, 지치지 않고 리(理)와 기(氣)의 서로 다름을 보는 "분개"(分開)를 강조하며 결코 리(理)의 주재성(主宰性)과 근원적 토대성(所從來)을 포기하지 않으려고 했기 때문이다.21

이신이 1975년에 그린 그림 중 퇴계 선생의 <태극도>나 <천명도>

찾기 (I)," 155.
20 李信, "카리스마적 신학,"『슐리얼리즘과 영靈의 신학』, 297.
21 이은선, "어떻게 '행위'할 수 있고, '희락'할 수 있는 인간을 기를 것인가? ― 퇴계 '敬의 心學과 양명 '致良知'의 현대교육철학적 비교연구," 영남퇴계학연구원, 「退溪學論集」 6 (2010. 6.); 王晚霞(왕만하), "퇴계의 주돈이 사상 계승적 측면," 사단법인 퇴계학연구원, 「退溪學報」 149 (2021. 6.): 25-28.

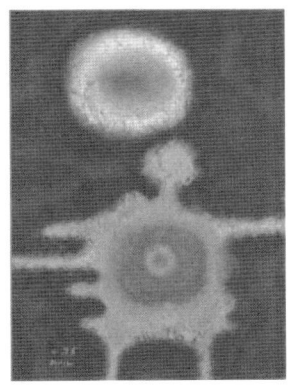 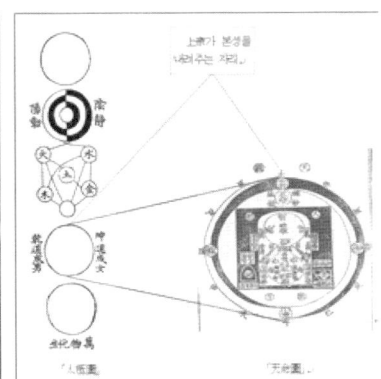

　　이신 〈자유로운 善〉　　　퇴계 〈천명도〉

를 연상케 하는 그림을 만나게 된다. 5호 정도의 작은 유화인데, 앞에서 언급한 베일즈가 이신의 그림에서 공간을 표현하는 방식의 시대적 전위성을 지적한 대로, 이신은 아시아의 <태극도>를 연상케 하는 원들의 현현을 수직으로 배치하며 인간상과 같은 것을 그렸다. 특히 그 형상의 가운데 원 공간 속에 흔히 쓰지 않는 주황색과 연두색을 씀으로써 인간의 마음, 그 가운데서도 또 그 핵심이 되는 양심, 퇴계의 언어로 하면 리(理)의 현존성을 상상케 하는 작은 공간을 드러냄(人極)으로 보는 이로 하여금 그 속으로 빨려 들어가게 한다. 퇴계 선생의 <천명도>에 대한 고유한 성찰인 「천명도설후서」(天命圖說後敍, 1553)에 따르면 특히 그는 <태극도>로부터 인간에 대한 집중과 더불어 자신의 <천명신도>(天命新圖)를 새로 그리고, 그중에서 네 번째 그림의 동그라미 윗부분을 '천명'이 내려오는 자리로 부각시켰다고 한다. 즉, <태극도>의 네 번째 동그라미의 확대가 <천명도>가 되는 것이며, 바로 "상제"가 인간의 "속마음"(衷)을 내려주는 곳이라는 지적이다.22

2018년 나는 이신의 삶과 그림을 잡지「기독교세계」에 짧게 소개하는 연재 글에서 나름대로 이 그림의 제목을 <자유로운 善>이라는 이신의 시에서 따오며 다음과 같이 그 시의 첫머리를 가져왔다.

우리가 하고 있는 무슨 도덕률의 기준이 그러니 거기에 따라서 행하는 것도 아니요 하나님이 강요하시니 그렇게 하는 것도 아니다. 하나님은 우리에게 그렇게 노예의 입장에서 섬기기를 원치 않으시고 자원하는 마음으로 그를 섬기기를 원하시는 것이다. 착하고 아름답고 참된 마음을 우리에게 주셔서 그것을 스스로 원하는 마음으로 행하기를 즐겨하시는 것이다. 이 주시는 자는 그런 것을 가장 좋은 선물로 우리들에게 주셨다.23

나는 퇴계 선생이나 이신의 생각을 다시 다음의 베르댜예프의 말에서 생생하게 듣는다. 베르댜예프는 이 첫마디로 그의『노예냐 자유냐』를 열었는데, 이들에 의해서 인간은 다시 우주에서의 자신의 위치가 무엇인가를 깨닫고 자신의 참된 힘과 능력이 어디에 있는지 알기 원했다.

---

22 황상희, "退溪의 太極論 연구," 영남퇴계학연구원,「退溪學論集」16 (2015): 19-20.
23 이신/이경 엮음,『李信 詩集 돌의 소리』(동연, 2012), 145; 이은선, "초현실주의 신학자 李信의 삶과 그림 ― 자유로운 선善,"「기독교세계」(2018. 3.), 54.

만약 인간이 이 외침을 듣지 못한다면, 돌들이라도 소리쳐서 듣게 하고픈 것이 이들의 마음이었고 이신의 마음이었다고 나는 생각한다.

> 인간은 하나의 수수께끼이다. 그리고 아마 세상 최대의 수수께끼일 것이다. 인간이 수수께끼인 것은 그가 하나의 동물(動物)이기 때문도 아니요, 그가 사회적인 존재(存在)이기 때문도 아니며, 또 자연(自然)과 사회의 일부란 이유 때문도 아니다. '인간'이 수수께끼인 것은 하나의 '인격'(personality)이기 때문이다.[24]

IV. 한국 신학(信學)의 세 차원
— '난간 없는 사유'에서 '사유하는 신앙'으로

이상과 같이 한나 아렌트와 한국 유학의 퇴계 그리고 베르댜예프와 이신을 서로 연결하면서 21세기 지구 위기 시대에 대한 저항과 전복으로서 한국 信學을 살펴보았다. 그것은 이 위기 상황 타개를 위해 시도되는 요즘의 여러 서구적 난간 없는 사유가 한편으로 '신유물론'과 같은 급진적 유물주의에 경도되고, 다른 한편에서는 우리 일상에서도 많이 만나는 다양한 형태의 21세기형 영지주의에 빠지면서 심각한 세계 소

---

[24] 니콜라스 A. 베르댜예프, 『노예냐 자유냐』, 24.

외와 인간소외, 몸 소외의 현실을 보이기 때문이다.25 여기에 대해서 한국의 오랜 사유 전통에서 서구 근대 기독교와 대화하는 한국 信學은 다시 우리 소망과 믿음의 근거를 새롭게 하고자 하고, 그것이 위 사상가들의 언어로 다양하게 표현되는 것을 드러내면서 참된 '영적 기반'(신뢰의 그루터기)을 살피고자 한다. 나는 그것을 다른 표현으로 이제 '천동설'(天動說)에서 '지동설'(地動說)을 넘어, 여기 이곳 우리의 몸적 삶에서 각자 한 사람이 시공의 중심이 되고 모든 존재가 오직 그 태어남과 현현으로 인해서 존엄과 권리를 갖는 '인동설'(人動說)의 시대가 된 것으로도 언술했다.26 우리 각자 안에 신뢰의 그루터기를 세우는 일이 그래서 매우 긴요하며, 그것은 참 인류세를 위한 한국 인학(仁學)을 세우는 일이라고도 했다. 이제 마무리로 간략하게 그러한 신학(信學)과 인학(仁學)의 세 차원을 말해보고자 한다.

1. 생리(生理)로서의 信

'신'(信)이라는 글자와 또한 그와 하나의 의미로 연결되는 '성'(誠)이라는 글자가 잘 지시하는 대로 신학(信學)의 일은 우선 '인간'(人) '언

---

25 스티븐 샤비로/안호성 옮김, 『사물들의 우주 ─ 사변적 실재론과 화이트헤드』(갈무리, 2021), 130.
26 이은선, "코로나 팬데믹 이후 종교와 교육 ─ 한국 信學과 仁學의 관점에서," 「종교교육연구」(2021. 7.), 106.

어'(言)의 일과 관계된다. 그리고 인간이 언어를 쓴다는 것은 '사유'가 그의 일이라는 것을 밝힌다. 인간은 말과 사유로써 세계를 창조하고, 생명을 살리고, 서로 소통하는 존재로서 그 몸과 마음 안에 깊은 '살리는 영'(靈/生理)를 담지한 존재라는 의미일 것이다. 그리고 그것은 인간만이 아니라 만물이 바로 그러한 살아있는 생동하는 존재이고, 그렇게 우리는 공동의 '생명근원'(生身命根)－한국의 양명학적 성리학자 정하곡(鄭霞谷, 1649~1736)의 말이기도 하다－을 통해서 한 우주적 가족이라는 것이다.

그런데 인간(人)은 태어날 때 이미 현존하는 언어를 받는 것이지 스스로 모두 만들지는 않는다. 인간은 자기가 언어를 제작해서 쓰는 것이 아니라 이미 탄생 이전에 존재하는 것을 받아들임으로써 언어생활을 하는 것이므로, 그런 의미에서 그 존재는 양도할 수 없는 고유한 생명성과 창조성에도 불구하고 무조건의 존재가 아니라 '조건 지어진 존재'(conditioned being)라는 것이다. 즉, 우리 안의 생리는 나의 고유성이면서도 누군가로부터의 '은총'이다. 그래서 신학(信學)을 한다는 것은 내게 주어진 언어와 사유의 선재성에 감사하는 일이고, 그것이 '선물'(膳物)과 '카리스마'라는 것을 받아들인다. 과거와 오래된 것에 대한 존숭(敬長)과 함께 자신의 생명성과 창조성이 시공의 궁극으로 연결되는 것에 대한 영적 감수성, 그 감수성 안에서 자신도 나름의 언어와 사유로 새롭게 세상을 창조해 가는 창조성의 일을 첫 번째 신학(信學)의 일로 받아들이고자 한다. 우리 생명의 토대로서의 '생리'(生理)에 대한 자각이다.

2. 진리(眞理)로서의 信

몸적으로 태어나서 살아가는 동안 우리는 세상과 더불어 서로 말(言)을 하면서 소통하며 살아간다. 말과 언어, 사유라는 것은 그 자체가 상대가 없으면 가능하지 않고 이루어지지 못하는 일이며, 그래서 말, 언어의 존재라는 것은 '관계'의 존재이고, '다원성' 안의 존재이며, 세계와 우리는 떼려야 뗄 수 없는 '대화'의 관계라는 것을 받아들이는 일일 것이다. 그러나 거기서 인간답지 못한 말, 불친절한 말, 거짓과 폭력의 말, 근거 없는 허황되고 부패한 언어와 사유는 그 화자는 물론이고 그가 속한 공동체를 다치게 하고, 말 대신 폭력이 난무하게 하면서, 결국 생명과 삶을 지속하지 못하도록 한다. 그래서 우리의 말(信)이 진리의 언어가 되도록 하고, 거짓 대신에 진실을 가려내고, 폭력 대신에 인간적인 친절과 사랑을 나누는 언어가 되도록 하는 것이 신학(信學)하는 일의 긴요한 과제가 되겠다.

신학(信學)을 한다는 것은 여기 지금의 오늘에서 인간적인 말을 하도록 거짓이 아닌 진실의 말을 나누며, 또한 그 말과 소통이 어떻게든 끊이지 않도록 하는 일이라 하겠다. 이 다원성의 세계 속에서 '극기복례'(克己復禮)라는 옛말도 있듯이, 그것은 그릇된 자기 욕심과 욕망을 조절하고 조심하면서 말이 사실과 부합하도록 노력하고, 세상의 사실에 대한 존숭과 함께 진실을 찾는 대화와 관계를 지속하고자 하는 앞에서 겸허함을 이루는 일이라고 생각한다. '진리'(眞理)의 삶일 것이다.

3. 실리(實理)로서의 信

그래서 우리는 다시 내(人)가 한 말이 잘못된 것이면 바로 잡고, 스스로 한 말과 품은 선한 뜻을 진실로 이루고자 하고, 약속한 말(言)을 잘 지키고 실현되도록 노력하는 것이 인간의 길이고, 용서와 화해의 길인 것을 인정한다. 우리의 선한 상상과 염원이 이루어지도록, 열매 맺도록 날마다 한 걸음 한 걸음 내딛는 '일보'(日步)의 아름다운 삶을 지향하는 것이다. 신학(信學)을 한다는 것은 그러한 일을 통한 삶의 지속적인 열매(實)와 이루어짐에 관심하는 일일 것이다. 자신을 넘어서 지속하는 생명의 연속성에 대한 의식을 말하고, 그 일을 위해서 우리의 오랜 덕목이었지만 지금까지 별로 주목받지 못한 '붕우유신'(朋友有信)을 다시 생각하고자 한다. 그것은 온 세계의 존재를 우리 삶의 친구와 동반자로 여기며 믿음의 관계로 화하게 하는 것이다. 단지 좁은 의미의 친구 사이나 동년배 사이의 관계만이 아니라 하늘과의 관계, 부모 자식이나 부부, 그것을 넘어서 만물과의 관계가 그 우정과 신뢰의 관계가 되도록 하는 것이 모두 포함된다고 생각한다. 그것이 이제 각자가 우주의 중심이 되고 주인이 되는 '인동설'(人動說)의 때에 적절한 인간관계의 도리이고 삶의 준칙이라 보기 때문이다. 오늘 전통적인 부모 자식이나 부부의 삶은 크게 변했고, 그런 가운데서도 존재가 관계와 대화 그 것이라면 인간다운 믿음과 신뢰가 우리 관계의 기초와 토대가 되도록 하는 일이 무엇보다도 긴요하겠다. '실리'(實理)에 관한 주목인 것이다.

이렇게 신학(信學)의 일은 한마디로, 17세기 조선 정하곡의 언어를 다시 가져오면, (인간적인) '언어에 머무는 일', 즉 "존언"(存言)의 일로 표현할 수 있겠다.27 그것은 사유와 판단, 상상의 일을 계속하면서 새로운 세상을 창조해 가는 창조자의 삶을 말하고, 세상과 더불어 책임의 삶을 살겠다는 용기와 자기 절제와 겸허, 자기희생의 삶을 포괄하는 것이겠다. 그 가운데 참된 기쁨과 희락이 있다는 것, 희망이 있다는 것, 그것을 각자 삶의 열매로 보여주는 것이야말로 우리 시대와 사회와 미래를 위한 신뢰의 그루터기로 거듭나는 일이라고 생각한다. 오늘 아직 충분히 그 일을 이루지 못했다 하더라도 다시 그 일을 새롭게 '시작하는 힘'이 있다는 것, 성 어거스틴의 "인간은 다시 시작하기 위해서 창조되었다"라는 말의 참뜻일 것이다. 히브리 성경 창세기의 "태초에 말씀으로 세상을 창조하셨다"라는 것에 대한 믿음일 것이다.

---

27 이은선, "내가 믿는 이것, 한국 生物여성정치와 교육의 근거 ― 정하곡의 '生理'와 한나 아렌트의 '탄생성'(natality)을 중심으로," 한국양명학회, 「양명학」 39 (2014. 12.): 59-102.

V. 새 시대를 위한 새 '경'(經) 쓰기

일찍이 동북아시아의 신유교의 사유는 이러한 일을 할 수 있는 인간과 그 마음과 본성, 그것이 어떤 방식으로 하늘과 연결되어 있는가를 탐구하고 사유하고 상상하며 『성리대전』(性理大全)이라는 큰 경(經)을 써냈다. 이어서 그 일이 핵심적으로 이루어졌던 중국이나 조선에서와는 달리 20세기 한국 땅에서는 또 다른 말과 언어, 상상과 체현으로 새로운 개벽 세상을 꿈꾸면서 한국 대종교(大倧敎)는 『신리대전』(神理大全)을 자신들의 경으로 이루어 냈다.

오늘 21세기 한국은 여기에 더해서 그동안 지구 생명체의 다른 반쪽에서 왕성했던 서구 기독교 사유의 열매도 함께 얻었는데, 이로써 나는 앞에서 살핀 각 믿음과 신뢰의 일과 더불어 『신리대전』(信理大全)을 써내는 일이 가능하지 않을까 상상한다. 오랜 고난과 인내의 시간 속에서도 하늘을 극진히 섬겨 왔고(奉祭祀), 이웃의 공동체와 더불어 같이 사는 삶을 최고의 행복으로 여겨 왔으며(接賓客), 만물의 생명을 어머니처럼 품어 왔던 한국의 친절하고 따뜻한 '우정의 달인'들이 모여서 새로운 인류의 삶을 위한 『신리대전』(信理大全)을 쓰는 일이 무리는 아니라고 생각한다. 한국信연구소도 그 일에서 한 귀퉁이를 들고 함께 하고 싶다. 여러분들의 하루하루(日步)가 더욱 밝고 아름답기를 소원합니다.

간추린 참고문헌

김종석. 『퇴계학의 이해』. 일송미디어, 2001.
베르댜예프, 니콜라스 A./이신 옮김. 『노예냐 자유냐』. 늘봄, 2015.
아렌트, 한나/신충식 옮김. 『난간 없이 사유하기』. 문예출판사, 2023.
_____/홍원표 옮김. 『정신의 삶 — 사유와 의지』. 푸른숲, 2019.
이신/이경 엮음. 『李信 詩集 돌의 소리』. 동연, 2012.
_____/이은선·이경 엮음. 『슐리얼리즘과 영(靈)의 신학』. 동연, 2011.
이은선. 『사유하는 집사람의 논어 읽기』. 도서출판 모시는사람들, 2020.
_____. 『생물권 정치학 시대에서의 정치와 교육 — 한나 아렌트와 유교와의 대화 속에서』. 도서출판 모시는사람들, 2015.
_____. 『통합학문으로서의 한국 교육철학』. 동연, 2018.
_____. 『한국 페미니스트 신학자의 유교 읽기 — 神學에서 信學으로』. 모시는사람들, 2023.
크리스테바, 줄리아/이은선 옮김. 『한나 아렌트 삶은 하나의 이야기다』. 늘봄, 2022.
퇴계 이황/이광호 옮김/성호 이익·순암 안정복 엮음. 『이자수어』. 예문서원, 2010.
한국信연구소 엮음. 『이신의 묵시의식과 토착화의 새 차원 — 슐리얼리스트 믿음과 예술』. 동연, 2021.
한중철학회. 『주역, 삶에 미학을 입히다』. 종이와나무, 2019.

Arendt, Hannah. *The Life of the Mind*. Harcourt Brace Jovanovich Publishers, 1978.
_____. *The Origins of Totalitarianism*. A Harvest Book, 1976.

믿음의 새길을 찾아서*
— 2024년 한국信연구소 출판기념회 및 李信상 시상식에 부쳐

1

올가을(2024년) 들어서 여러 가지 글쓰기와 모임 참석 등으로 무척 분주한 시간을 보냈습니다. 그 가운데서 두 가지 직격탄을 맞은 것이, 먼저 한강의 노벨상 수상과 더불어 그녀의 글과 생각, 몸짓과 목소리들이 온 나라와 세계로 퍼져 나가는 일이었고, 다른 하나는 바로 우리가 지난주에 경험한 윤석열 쿠데타 소식입니다. 지난 토요일(2024. 12. 7.) 온 국민이 여의도에 모여서 그의 탄핵을 외치던 날, 저는 대전 충남대에서 열린 한국양명학회 일로 서울에 없었습니다. 돌아와서 그 현장에 있지 못했다는 안타까움과 죄송한 마음으로 다음날을 보내면서 오늘

---

* 2024년 12월 감리교신학대학 웰치기념관 세미나실 1.

이 순서를 준비하는 가운데 한강의 노벨상 수상 기념 강연을 듣게 되었습니다. 큰 충격을 받았고, 깊은 감동으로 그녀의 언어를 다시 만나고 싶어서 동네 '청운문학도서관'을 찾아갔습니다. 원래 또 읽고 싶었던 책은 『소년이 온다』(2014)였지만 서가에 유일하게 꽂혀 있던 책은 『흰』이었습니다. 『흰』은 그녀가 『소년이 온다』 다음에 쓴 책이고, 이번 수상 기념 강연에서도 밝히듯이, 그녀가 지금 더디게 진행하고 있는 또 다른 책의 물음이 그로부터 나와서 이어진다고 합니다.

2

소설 『흰』에 따르면, 1966년 초겨울 한강의 어머니는 시골 초등학교 교사로 부임한 아버지와 함께 외딴 교사 사택에 살고 있던 스물세 살의 아내였습니다. 그런 그녀가 이미 출근한 남편이 닿을 수도 없는 곳에서 혼자, 출산 예정일이 아직 많이 남아 있어 준비도 안 된 상황에서 첫 아이를 낳고 두 시간 만에 떠나보내는 일을 겪습니다. 그 가운데 한강 어머니가 할 수 있던 일은 혼자 엉금엉금 기어 물을 끓이고 가위를 소독해서 탯줄을 자르고, 가까스로 조그만 흰 천을 찾아 배내옷을 만들어 입히고, 태어나서 가느다란 소리로 울던 손바닥만 한 아기가 서서히 죽어가자 그 까만 눈을 맞추며 "죽지 마, 제발 죽지 마"를 중얼거리며 두려움에 떠는 일뿐이었습니다. 두 시간 만에 그녀의 첫아기, 한강의 언니는 세상을 떠났다고 합니다.

'사랑'(愛)이라는 이름을 부모로부터 받은 저의 어머니 정애(鄭愛, 1929~2015) 여사도 그녀의 큰딸을 잃은 해가 같은 1966년이었다는 것을 위 한강의 글을 읽으면서 상기했습니다. 그해 봄 아버지 이신은 아팠던 언니를 포함해 저희 5남매와 어머니를 두고 미국으로 유학을 떠나신 상태였으며, 그 난감하고 혹독했던 시절 어느 날 한국전쟁 피난 시절에 있었던 백일기침으로 생긴 뇌막염으로 새벽에 숨이 끊어져 가는 중학교 3학년의 어린 딸을 붙들고 어머니는 울부짖었고 가까스로 누군가의 등에 업혀 산동네 집으로부터 아랫마을의 병원으로 옮기던 중 언니는 숨을 거두었습니다. 미국 유학 중에 그 소식을 들은 아버지 이신이 쓴 시가 오늘 재간되어 여러분에게 다가가는 책 『李信 詩集 돌의 소리』에 다음과 같이 남아 있습니다.

딸 '은혜(恩惠)' 상(像)

하얀 박꽃처럼
초가집 지붕 위에 피었다가
둥글디 둥근 것을
남겨 둔 채
사라졌다.

한 번도 부모 말을
어기지 않던 그 애

속일 줄도 모르고
그저 고분고분
따르던 그 애

은혜야! 부르면
녜!하고
아버지!하고
햴쭉햴쭉 웃으며
다가오던 그 애

3

　한강은 그렇게 태어난 지 두 시간 만에 스러져 간 언니에게 자신의 몸을 빌려주며 그 언니를 살게 하고 싶었다고 고백합니다. 그리고 그녀가 『채식주의자』로부터 『바람이 분다, 가라』, 『희랍어 시간』을 넘어 광주 이야기에 이르러 『소년이 온다』를 쓰기 위해 극심하게 고투하는 중에 도달한 질문은 "현재가 과거를 도울 수 있는가?", "산 자가 죽은 자를 구할 수 있는가?"에서, 그 반대로 "과거가 현재를 도울 수 있는가?", "죽은 자가 산 자를 구할 수 있는가?"로 도치되었다고 고백합니다.

　그렇습니다. 오늘 저희 信연구소가 네 권의 책을 들고 또 이신 상의 이름으로 여러분을 모시고자 한 것도 어쩌면 바로 한강이 어떠한 다른 말로보다도 더 잘 표현한 것 같은 그 마음, "과거가 현재를 도울 수 있고, 죽은 자가 산 자를 구할 수 있다"라는 고백과 같은 심정이었기 때문이라고 말씀드려야 할 것 같습니다. '역사 유비'라는 말이 그 말이고, 저의 믿을 '信' 자의 '신학'(信學)이 그러한 것이라고 말씀드립니다. '사람'의 '인'(人) 자와 '말씀'의 '언'(言) 자가 합해져서 만들어진 '신'(信) 자는 바로 그 과거가 우리에게 전해주는 은총의 집결이라고 생각하고, 그것이 우리 '언어'의 일이며, 신학은 바로 그 언어의 일과 그에 대한 믿음의 일이라는 것을 말씀드리고 싶었기 때문입니다.

소설 『흰』의 해설에서 평론가 권희철은 한강의 소설이 『소년이 온다』에 이르기까지 여러 물음이 계속 변환해 왔다는 것을 지적합니다. 즉, "이토록 폭력과 아름다움이 뒤섞인 세계를 견딜 수 있는가, 껴안을 수 있는가?"(『채식주의자』, 2007), "삶을 살아내야 하는가, 그것이 가능한가?"(『바람이 분다, 가라』, 2010), "삶을 살아내야만 한다면 인간의 어떤 지점을 바라볼 때 그것이 가능한가?"(『희랍어 시간』, 2011) 그리고 마침내 광주의 『소년이 온다』에서는 "내가 정말 인간을 믿는가, 이미 나는 인간을 믿지 못하게 되었는데 어떻게 인제 와서 인간을 믿겠다고 하는 것일까?"(『소년이 온다』, 2014)를 말합니다.[1] 그런 물음의 변천에 대해서 오늘 한강 작가는 스스로 자신이 8살 어린아이의 순진과 무구로 '사랑'이 무엇인가를 물었을 때부터 그 후 40년 이상 글쓰기 시간을 온통 관통해 온 것은 두 질문이었는데, "세계는 왜 이토록 폭력적이고 고통

---

1 권희철, "우리가 인간이라는 사실과 싸우는 일은 어떻게 가능한가?," 같은 책, 143.

스러운가?"와 "세계는 어떻게 이렇게 아름다운가?"라고 밝히고 있습니다.

4

한강이 태어나서 두 시간 만에 죽은 언니를 자신의 몸으로 대신하고 싶었던 것처럼, 어쩌면 저도 그와 유사하게 그랬는지도 모르겠습니다. 제가 초등학교 2학년 때 중학교 3학년의 나이로 떠나간 언니에게 제 몸을 빌려주고 싶었는지도 모르고, 1960년대 온갖 고통에 찬 시간을 보내고 그렇게 기다리고 기다리던 아버지가 귀국해서 10여 년 만에 돌아가시자 그에게 제 목소리를 빌려드리고 싶었는지도 모르겠습니다. 우리에게 '信'이라는 언어를 남기고 가신 그는 1927년생으로 우리의 20세기를 온몸으로 큰바람과 회오리로 겪으면서 자신의 그 믿음을 깊은 영(靈)의 신학으로, 슐리얼리스트 그림으로, 소박하지만 진한 감동을 주는 시로 남기고 가셨습니다. 그런 그로부터 나온 저희의 오늘 시간이 과거가 현재를 도운 것이고, 죽은 사람이 산 사람을 구원한 일이 아닌가 생각합니다. 한강은 자신 수상 기념의 마지막 말로 "어쩌면 내 모든 질문의 가장 깊은 겹은 언제나 사랑을 향하고 있었던 것 아닐까? 그것이 내 삶의 가장 오래고 근원적인 배움이었던 것은 아닐까?"라고 토로합니다.[2]

저도 신학(信學)의 일을 제가 사랑하는 또 다른 여성 사유가 한나 아렌트―그 아렌트도 자신의 삶과 사유를 한마디로 '세계 사랑'(*Amor Mundi*)이었다고 말하곤 했는데―의 언어로 다시 말해보고 싶습니다. 그것은 작년 2023년 한국信연구소 송년 모임에서도 말씀드린 대로 '난간 없는 사유'에서 '사유하는 신앙'으로 물음을 전회한 것이 아닌가 하는 것입니다. 아버지 이신도 그의 매 순간의 삶이 아마 유사하지 않았을까 생각합니다. 곧 난간 없는 낭떠러지 앞에서의 삶과 같은 처지에서도 다시 언어를 잡고 사유를 밀고 나가서 마지막, 믿음과 삶, 사랑과 생명을 잡은 것이 아닐까 하는 것입니다. 어떤 사람도 그러한 일을 할 수 있는 언어를 스스로 만들어 쓰지 않습니다. 우리는 모두 과거로부터 그 언어를 배울 수 있는 선험적 힘을 얻어서 태어납니다. 그래서 그 인간의 언어, 다른 말로 하면 '信'은 모든 그러함에도 불구하고 우리에게 남겨진, 우리가 세계와 타자와 이웃과 연결할 수 있는 근저의 그루터기라고 생각합니다.

그리고 오늘 우리는 그 인간의 언어가 얼마나 강력하게 정치와 공(公/共)의 힘도 될 수 있는지를 계엄과 내란책동의 위기 상황에서 생생하게 경험합니다. 계엄 무장군인들의 사유가 불의한 대통령의 언어를 믿지 않았고 따르지 않았으며, <서울의 봄>이라는 언어를 최근에 읽은 젊은이들이 다시 정치로 돌아오며 이 탄핵 정국의 주역으로 새롭게 태어나고 있습니다. 그리고 참으로 감사한 일은 우리는 모두 그리고 세계

---

2 한강 노벨상 수상 기념 강연 (2024. 12. 7.).

는 이 여러 중첩의 인류세의 위기의 때 한강이라는 한국 민족의 오랜 고통에 찬 삶으로부터 얻어진 언어를 받고 놀라면서, 다시 그 인간 언어의 진상 앞에서 스스로 사유를 시작하고, 새롭게 인간적으로 살고자 결단하고, 그래서 다시 모이며 오늘 이 시간이, 이 인류의 역사와 시간이 어디로 향해야 하는지를, 어디로 향하게 해야 하는지를 그녀의 언어대로 다시 "벼락처럼" 깨닫게 된 것입니다.

5

그것은 우리의 사유이고, 공감이며, 상상의 힘입니다. 한국 信學은 그렇게 우리의 '믿을 수 있는 능력에 대한 믿음'을 말하고자 합니다. 저는 그것이 과거가 현재를 구원하고, 죽은 사람이 산 사람을 돕는 신학(信學)이라고 말하고 싶습니다. 오늘 온갖 난간이 다 떨어져 나가고 무너져 내린 때, 바닥과 근원에서 우리 존재를 다시 떠받치는 것이 그래도 언어가 아닌가 생각했습니다. 그러한 상황을 다른 말로 표현해 보면 오늘 우리 세계 정황을 살펴볼 때, 더는 어떤 신(神)도 믿을 수 없을 정도로 그 신(神)에 대한 언어가 부패했고, 그래서 그렇게 세계라는 존재를 떠받들어 왔다고 믿었던 신(神)이 죽은 이후에 또한 인간에 의해서 새롭게 'AI 인간'의 '가상 세계'가 창조되고 탄생하여서 엄청나게 몰려오는 때도 우리에게 남아 있는 것은 '언어'라고 본 것입니다. '믿음'(信)이라고 본 것입니다.

예전 퇴계 선생이 당시 글을 읽고 쓸 줄 몰라 그 언어의 세계에서 많이 소외되어 있던 민중들에게 사람이 어떠한 존재이고 어떤 삶을 지향해야 하는지를 알려주고 싶은 간절한 마음에서 한글로 지으신 가사 <도산십이곡>(1565)이 있습니다. 다음의 구절이 오늘 말하고자 하는 '역사 유비'와 '한국 신학(信學)'의 일을 참으로 잘 표현해 주었다고 생각합니다.

옛사람도 날 못 보고 나도 옛사람 뵙지 못해.
옛사람 뵙지 못해도 가시던 길 앞에 있네.
가시던 길 앞에 있으니 아니 가고 어찌하고.

옛사람의 존재를 생각하는 나의 관념도, 그의 존재를 믿고자 하는 나의 신념이나 의지도 흔들릴 수 있지만, 그보다 더욱 확실하게 우리를 이끄는 것은 그의 삶에 관한 '이야기'(narratove)와 언어가 우리에게 남겨져 있다는 것입니다. 그래서 우리는 그 길을 아니 갈 수 없다는 것입니다. 퇴계 선생의 그러한 언어를 또 새롭게, '다시 개벽'의 마음으로 읽은 강화의 하곡 정제두(1649~1736) 선생의 "존언"(存言)이라는 말이 있습니다. 저는 이 말을 무척 좋아하는데, 17세기에 그는 '존언', 즉 '언어에 머문다'라는 이 말을 가슴에 담고 억센 바닷바람이 부는 강화도 오지에서 누구나의 마음 안에 담겨 있는 선한 힘, '양지'(良知)와 우리 속의 낳고 살리는 힘, '생리'(生理)에 대한 믿음을 정신적 스승처럼 '백사

천난'(百死千難)의 고통을 겪으면서 다음 세대에 전해주고자 했습니다. 한국 근대의 여명기에 그때까지 감추어져 있던 다산 정약용(1762~1836)의 언어를 세상에 내놓는 데 결정적인 역할을 한 정인보(1893~1950) 선생을 포함해서 20세기 한국 근대와 기독교가 그 강화도의 믿음의 언어로부터 얻은 은혜가 큽니다.

6

오늘 축사 겸 책 이야기를 해 주신 고명하신 세 분 선생님도 저는 참 언어의 사람들, 믿음의 사람들로 말씀드리고 싶습니다. 먼저 신학 분야의 서창원 교수님은 저희와 함께 오랜 시간을 같이해 오신 민중 신학자이시며 뛰어난 언어 예술적 감각으로 자주 저희가 하는 일을 놀라운 개념과 명징한 언어로 그려주고 해석해 주시곤 합니다. 감사합니다.

이번에 낯선 곳이지만 어려운 걸음을 하신 한국고전번역원의 김언종 원장님은 제가 안동 도산서원의 참공부 모임을 통해서 처음 뵈었습니다. 고려대학 한문학과에서 많은 제자를 기르면서 퇴계학과 다산실학을 확산하는 일에 큰일을 해 오셨습니다. 은퇴 후에는 우리의 오래된 미래인 한문으로 쓰인 수많은 이야기를 오늘의 언어로 번역해 내는 일에서 새 차원을 열기 위해 고생하고 계십니다. 어느 곳에서나 유머와 따뜻한 말로 사람들을 모으시고 힘을 주시는 선생님이십니다.

마지막으로 오늘 갑작스러운 일로 참석은 못했지만 김미옥 선생님은 이미 지난봄부터 우리나라에 불고 있는 '미오기 현상'의 주인공이라 여러분들이 많이 아실 줄 압니다. 놀라운 다독력과 통각력, 뛰어난 언어의 작가로서 한국 문예계를 크게 흔들고 있는 선생님에 대해 많은 사람이 그 현상을 지적했고 의미화했지만, 저는 한마디로 바로 언어를 가지고 '거룩(聖)의 평범성'을 생생하게 확대하는 분이 또 어디 있을까 하는 생각입니다. 대한민국에서는 이 '미오기 현상'을 통해서 더는 학벌이나 출신 배경, 성, 재산, 학문의 경계, 전문가와 보통 사람의 나눔이 의미를 상실했습니다.

이제 마지막으로 오늘 이신 상을 수상하신 두 분에 대해서도 말씀드리고자 합니다. 저 자신이 그랬듯이 몹시 어려운 상황에서 여성신학자로서, 여성조직신학자의 길을 묵묵히 가는 진미리 박사님을 모셨습니다. 미국의 여성신학자 중에서 거의 1세대에 속하는, 성서신학자이면서 역사학자, 조직신학자라고 할 수 있는 엘리자베스 피오렌자의 신학에 대해서 끊임없이 연구하면서 그녀의 인식론과 역사 이해, 기독론을 깊이 있게 탐구하며 한국 여성신학의 길을 심화시키고 있습니다. 오늘 더욱 어려워진 한국 여성신학계 상황에서, 심지어는 같은 분야 여성 동료들까지 무심한 가운데 자신의 길을 열심히 가는 이분에게 조그마한 격려와 지지가 되기를 바랍니다.

이와 더불어 '열 손가락 서로돌봄 사회협동조합'을 이끄시는 홍경숙 상임이사님을 모셨습니다. 이 단체는 오늘 우리 믿음의 학, 신학(信學)을 위해서 그 언어와 신학의 일이 어떻게 또 새로운 지경으로 확장

될 수 있는지, 계속 확장되어야 하는지를 온몸으로 증명하고 있습니다. 언어장애를 포함해서 중증 장애 아이들을 돌보는 어머니들 모임을 결성하고, 그 일을 사회협동조합의 일로 확장해서 10년 넘게 해 오고 있습니다. 그분들의 어려움과 고통, 아픔과 인내 앞에서는 감히 말도 꺼내기 어렵습니다.

7

한강의 글쓰기 작업이 쭉 이어온 길을 밝힌 평론가 권희철은 "물음들은 대답에 이르는 길들이다. 대답이 언젠가 주어지게 될 경우, 그 대답은 사태 실상에 대한 진술 속에 존립하는 것이 아니라 사유의 어떤 변화 속에 존립할 것이다"라는 하이데거의 말을 가져왔습니다. 우리 물음에 대한 진정한 답은 그 물음이 계속 변화해 온 것 자체 안에 있을 것이라는 말씀이라고 생각합니다. 그렇게 저희 신학(信學)과 역사 유비라는 질문도 그것이 답이라기보다는 계속되는 저의 질문 속의 한 과정이라는 것을 말씀드리며 제 부족한 말씀을 마무리하고자 합니다. 한강의 언어로 다시 말하면, "언어가 우리를 잇는 실이라는 것을, 생명의 빛과 전류가 흐르는 그 실에 나의 질문들이 접속하고 있다는 사실을 실감하는 순간에, 그 실에 연결되어 주었고, 연결되어 줄 모든 분께 감사의 인사를 드립니다"라는 인사를 저희 인사로도 드리고 싶습니다.

우리가 언어에 머무는 한, 우리는 인간이기를 멈추지 않는다는 것이고, 믿음에 서 있다는 것을 부인하지 않는 것이며, 함께 있다는 것 그리고 오늘의 시간을 넘어서 비록 우리 몸의 마지막이 온다고 해도 그것을 넘어서 생명과 삶은 계속 이어져 간다는 것을 밝혀 주는 귀한 언어라고 생각합니다. 이 자리에 함께 하신 모든 선생님들과 한국信연구소의 동행자분들께 심심한 감사를 드립니다.

이신의 예술과 한국 信學

2025년 9월 24일 처음 찍음

지은이   이은선
펴낸곳   도서출판 동연
펴낸이   김영호
주 소   서울시 마포구 월드컵로 163-3
등 록   제1-1383호(1992. 6. 12.)
전화/팩스   02-335-2630 / 02-335-2640
이메일   yh4321@gmail.com
인스타그램   @dongyeon_press

Copyright ⓒ 이은선, 2025

이 책은 저작권법에 따라 보호받는 저작물이므로 무단 전재와 복제를 금합니다.
잘못된 책은 바꾸어 드립니다. 책값은 뒤표지에 있습니다.

ISBN 978-89-6447-279-8 03100